FISCHER

TEDBooks

Margaret Heffernan ist vielbeschäftigte Unternehmerin, preisgekrönte Fernsehproduzentin und Autorin zahlreicher Bücher über Wirtschaft, Gesellschaft und Arbeit. Sie studierte in Cambridge, arbeitete für die BBC und zählt heute zu den einflussreichsten Medienmanagern der Welt. Heffernan schreibt regelmäßig für die »Huffington Post« und beschäftigt sich in ihren Büchern insbesondere mit den Dingen, die an der Schnittstelle zwischen Firmen und ihren Mitarbeitern passieren. Ihre zahlreichen TED-Talks wurden bislang mehr als 3 Millionen Mal angesehen.

Bahnbrechend, weitreichend oder umwälzend – sind es wirklich die großen und umfassenden Bewegungen, auf die es ankommt? Margaret Heffernan zeigt weise und witzig, dass es die kleinen Schritte sind, die wirklich Veränderung bringen. Eine verblüffende und geistreiche Anleitung voller Geschichten, wie jeder – vom Geschäftsführer bis zum Hausmeister – zur Verbesserung unserer Arbeits- und Gesellschaftskultur beitragen kann.

Margaret Heffernan

Wie wir unsere Arbeitskultur verändern können

Aus dem Englischen
von Irmengard Gabler

Für Pamela Merriam Esty

TEDBooks

Erschienen bei FISCHER Taschenbuch
Frankfurt am Main, Juli 2016

Die amerikanische Originalausgabe erschien 2015 unter dem Titel:
»Beyond Measure. The Big Impact of Small Changes«
im Verlag Simon & Schuster, Inc., New York
© 2015 by Margaret Heffernan

Für die deutschsprachige Ausgabe:
© 2016 S. Fischer Verlag GmbH,
Hedderichstr. 114, D-60596 Frankfurt am Main

Satz: Dörlemann Satz, Lemförde
Druck und Bindung: CPI books GmbH, Leck
Printed in Germany
ISBN 978-3-596-03464-2

Inhalt

»Ich liebe das, was in der Arbeit steckt –
die Möglichkeit, sich selbst zu finden.«

Joseph Conrad

Einführung

1972 stürzte eine Maschine der Fluglinie British European Airways drei Minuten nach dem Start ab. Alle 118 Personen an Bord kamen dabei ums Leben. Was die Tragödie so bitter machte, war die allmähliche Erkenntnis, dass die Probleme, die den Absturz verursacht hatten, schon länger bekannt gewesen waren. Hätten die Verantwortlichen rechtzeitig entsprechende Bedenken geäußert, hätten sie die Tragödie eventuell verhindern können. In der nachfolgenden Untersuchung wurde es zur traurigen Gewissheit, dass die Unfähigkeit dieser Leute, den Mund aufzumachen und unangenehme Fragen zu stellen oder Zweifel mitzuteilen, in diesem Fall tödlich gewesen war. Die Barrieren zwischen Menschen, Funktionen und Standorten bedrohten einen gesamten Industriezweig.

Und doch erwuchs aus dieser Katastrophe eine Form der Zusammenarbeit – Vertrauen wurde aufgebaut, Informationen und Ideen geteilt –, die schließlich die Kultur eines gesamten Industriezweigs veränderte. Die Einführung neuer Abläufe machte es einfacher, Bedenken anzumelden, Fragen zu stellen, Alarm zu schlagen oder Vorschläge zu unterbreiten. Wo zuvor Verschwiegenheit gegolten hatte, herrschte jetzt Offenheit. Wo zuvor Fehler vertuscht worden waren, wurden sie jetzt als Lernerfahrung verbucht und ohne Scham offengelegt. Wo zuvor diskrete Zurückhaltung gepflegt worden war, durften sich jetzt alle lebhaft beteiligen. Dieser neue Arbeitsansatz wurde schließlich von 130 Fluglinien, von Flughäfen, Wartungsfirmen und auch Herstellern übernommen. Und er zeigte Wirkung: Während nach seiner Einführung 1980 gerade einmal 3000 Meldungen eingegangen waren, kommunizierten 2014 sämtliche Fluglinien mehr als 14 000 Fragen, Bedenken oder Ideen – ein Zeugnis einer gewaltigen kulturellen Umwälzung. Diese neue Arbeitsweise wurde als »gerechte Kultur« bezeichnet und machte aus einem wenig vertrauenerweckenden Verkehrsmittel das sicherste von allen.

Heutzutage brauchen wir in allen Arbeitsumgebungen gerechte Kulturen, nicht nur, um Unfälle zu verhindern, sondern um jedem einzelnen Angestellten seine besten Ideen, Beobachtungen, Bedenken und Konzepte zu entlocken. Wir können es uns nicht leisten, dass einige wenige gedeihen, während alle übrigen passiv, demotiviert oder ernüchtert herumsitzen. Die Herausforderungen, die sich uns stellen, sind einfach zu groß, die Zeiten zu dringlich und die menschlichen Kapazitäten, die in Organisationen eingesperrt sind, zu facettenreich, um auch nur einen Teil davon brachliegen zu lassen. Gerechte Kulturen zapfen Erfindungsgeist, Engagement und Gewitztheit jedes Einzelnen an; sie belohnen den Einfallsreichtum und feiern die Wahrhaftigkeit. Gerechte Kulturen erkennen, dass es wichtiger ist, Vertrauen aufzubauen und Ehrgeiz zu fördern, als Gehorsam zu belohnen – auch wenn der Weg zum Erfolg mit Fehlern gepflastert sein mag. Der Kern wahrhaft gerechter Kulturen ist ein

Führungskonzept, bei dem es nicht um diffuse Spekulationen geht – über Märkte, Aktionäre, Stakeholder, Vorgesetzte und Kollegen –, sondern darum, den Mut zu finden, für sich selbst und für andere einzustehen.

Unternehmen mit gerechten Kulturen beziehen ihre Inspiration und Stabilität nicht von einigen wenigen gefeierten Superstars, sondern aus der immensen kollektiven Intelligenz aller Angestellten, Vertragspartner, Teilhaber und Kunden. Hierin sind sie inhärent demokratisch und fordern eine großzügige und bescheidene Gesinnung. Informationen werden nicht eifersüchtig gehütet und zurückgehalten, weil sie Macht bedeuten, sondern großherzig geteilt, um Menschen zu inspirieren und ihr Wissen zu erweitern. Ein Gefühl der Verbundenheit, das den Ideenfluss erleichtert, ist der beste Beweis für ein gesundes Unternehmen mit einer ausgeprägten peripheren Wahrnehmung, die auch jene Konflikte und Kollisionen umfassen kann, die für wahre Innovationen unabdingbar sind. Mitarbeiter werden nicht nach ihren Fehlern beurteilt, sondern dazu ermutigt, ihre fachlichen und sozialen Talente auszubauen, die für die Zusammenarbeit auf hohem Niveau unerlässlich sind. Gerechte Kulturen sind gerecht, weil dort jeder Einzelne zählt. Wie Randy Papadellis, CEO der Firma Ocean Spray, es ausdrückte: Niemand gewinnt, wenn nicht alle gewinnen.

Das klingt selbstverständlich, und so sollte es auch sein. Doch nachdem ich sowohl in den USA als auch in Großbritannien Unternehmen geleitet habe, verblüfft mich derzeit die Passivität, die ich in Betrieben auf der ganzen Welt beobachte. Ich arbeite mit Firmenchefs, die an ihren Arbeitnehmern den Mangel an Energie und Einfallsreichtum beklagen, während sich im Gegenzug die Arbeitnehmer über die Regeln und Abläufe beschweren, die ihr Denken und ihren Unternehmungsgeist hemmen. Ich berate Führungskräfte, die gelähmt sind von der Vorstellung, allwissend sein zu müssen – und sehe ihre Untergebenen schweigen, obwohl sie sich mehr Mitspracherecht wünschen. Überall wird das sogenannte Silodenken beklagt, und es scheint mir, als hätten die vergangenen sieben Jahre straffer Effizienz nicht die Verbindungen zwischen den Menschen gestärkt, sondern die Barrieren.

Ich weiß nicht mehr, mit wie vielen Unternehmern ich schon gesprochen habe, die eine gute Idee hatten, sie aber für sich behielten, aus Angst, dumm dazustehen, aus der Reihe zu tanzen, als allzu extravagant, allzu wild, allzu aufdringlich und verrückt zu gelten. Passivität, die sich in Schweigen niederschlägt, hat ihren Preis, und das nicht nur, wenn die Leute das Gefühl haben, sie könnten nicht vor Problemen warnen, sondern auch wenn sie meinen, keine neuen Ideen angehen und austesten zu dürfen. Und in diesem Schweigen lösen sich Gelegenheiten – zu einer Korrektur oder Erneuerung – in Luft auf.

In jedem Land, das ich besucht habe, hat die Bevölkerung darauf bestanden, nur sie allein habe diese Herausforderung zu bestehen. In Ungarn schiebt man die Angst, sich laut zu äußern, auf die Geschichte; in Singapur ist es der Wunsch, das Gesicht zu wahren; in Lateinamerika ist der Stolz an allem schuld. Die Niederländer verweisen auf ihre kalvinistische Bescheidenheit, während die Briten von traditioneller Zurückhaltung sprechen und die Amerikaner sich als Konformisten bezeichnen. All diese Erfahrungen haben mir gezeigt, dass der Wunsch, Konflikten aus dem Weg zu gehen, und das Bedürfnis, anderen zu gefallen,

universell sind und unsere Energie, unseren Unternehmungsgeist und unseren Mut aufzehren.

Wenn ich mit einzelnen Personen über diese vergeudeten
Möglichkeiten spreche, sagen mir alle dasselbe: Es liegt an der
Kultur. Die Kultur ist zum Alibi geworden, zum Sündenbock für
alles, das falsch läuft. Aber wer kann es richten? Nur wir alle.
Es ist natürlich in erster Linie die Aufgabe der Führungsperso-
nen – aber nicht ausschließlich. Kulturen sind chaotisch, orga-
nisch und im besten Falle intrinsisch: gesteuert von denen, die
sich ihr am meisten verpflichtet fühlen. Und so richtet sich dieses Buch an all jene – vom Firmenchef bis zum Hausmeister –,
die ihr Arbeitsumfeld verbessern wollen. Es befasst sich mit der
Anhäufung kleiner alltäglicher Gedanken und Gewohnheiten,
die gerechte Kulturen erzeugen und erhalten: wie man spricht,
zuhört, streitet, denkt, sieht. Es geht mir nicht um aufwendige
Programme, die viele Millionen Dollar kosten und viel Zeit in
Anspruch nehmen, sondern um kleine Schritte, die jeder gehen
kann.

Was dieses Buch nicht bietet, sind simple Rezepte für einen
Wandel über Nacht, Allerweltstipps und -tricks, wie Motivations-
trainer und Cheerleader sie zum Besten geben. Ich möchte Sie
vielmehr zum Nachdenken anregen: ein ziemlich prosaisches
Konzept ohne großen technischen Aufwand, leicht vergessen
und regelmäßig unterschätzt. Doch während wir nachdenken,
müssen wir mit dem, was wir tun, aufhören. Wenn wir sie freilas-
sen, schweifen unsere Gedanken über die Klischees, Fachjargons
und Spekulationen hinaus. Nur so finden wir, woran wir glauben, wer wir sind und was wir sagen wollen. Nur wenn wir inne-
halten und nachdenken, lassen wir uns ein: auf uns selbst und

auf die Menschen, mit denen wir arbeiten. Und aus diesen vielen kleinen Veränderungen erwachsen gewaltige Unterschiede, bis sie plötzlich, alle zusammen, ... eine gerechte Kultur ergeben.

1

Der kreative Konflikt

Stellen wir uns einen Raum mit 21 erfolgreichen Managern vor, die für eine globale Luxusfirma tätig sind. Sie sind allesamt gut angezogen, gut bezahlt, haben gute Manieren und sind gutsituiert. Doch genau das ist ihr Problem. Sie sind so makellos, dass sie nicht kommunizieren können. Während also an der Oberfläche alles gut aussieht und gut klingt, geschieht in Wirklichkeit nicht annähernd genug. Hier ist Schweigen nicht Gold, sondern zeugt von einem unterdrückten Konflikt.

Der Luxus des Unternehmens mag ungewöhnlich sein, der Rest ist es nicht. Die meisten Menschen – vom Geschäftsführer bis zum Hausmeister – weichen Konflikten lieber aus, anstatt sie zu begrüßen. Wir fürchten unsere Emotionen, und erst recht die Gefühle der anderen. Also entwickeln wir Gewohnheiten und Manierismen, die gewährleisten sollen, dass es niemals zum Streit kommt. Psychologen sprechen in diesem Zusammenhang von *covering*, »Tarnung«, was im Grunde nichts anderes bedeutet, als dass wir die markanten Aspekte unserer Persönlichkeit, unsere Werte und Leidenschaften unter Verschluss halten, wenn wir zur Arbeit kommen. Indem wir jedoch so viel Energie auf Vermeidungsstrategien verwenden, schaffen wir es nicht, Ideen voranzubringen, und stecken irgendwann fest. Gerechte Kulturen aber zielen speziell darauf ab, Konflikte und Ideen ans Licht zu holen, wo man sie sehen, erkunden und sicher angehen kann.

Scilla Elworthy weiß die Anzeichen unterschwelliger Konflikte sofort zu deuten. Dreimal für den Friedensnobelpreis nominiert, widmet sie einen Großteil ihres Lebens der Entwicklung eines funktionierenden Dialogs zwischen denjenigen, die Waffen bauen, und denjenigen, die dafür sorgen wollen, dass diese Waffen niemals zum Einsatz kommen. Die Manager einer Luxusfirma waren vielleicht nicht ihre üblichen Auftraggeber, aber sie hatte ihnen eine Menge zu bieten.

»Die Übung dauerte nur zwanzig Minuten«, erzählt sie mir. »Sie mussten paarweise arbeiten, einander gegenübersitzend, an einem behaglichen Ort, wo sie ungestört waren. Der Erste sollte eine nicht triviale Frage stellen – zum Beispiel »Sag mir, wer du wirklich bist« oder »Was wünschst du dir am meisten vom Leben?« In den folgenden fünf Minuten musste der Gefragte sich mit vollem Einsatz – Körper, Herz und Verstand – dieser Frage widmen und alles äußern, was er empfand, während er darüber nachdachte. Dabei mussten beide ganze fünf Minuten lang den Augenkontakt halten. Zuhören sollten sie ohne Regung: kein Lächeln, kein Stirnrunzeln, nichts dergleichen durfte die Antwort beeinflussen. Danach tauschte man die Rollen und wiederholte das Ganze.«

Was Elworthy beschrieb, war eine einfache, aber bei weitem nicht triviale Übung. Sie verlangte Aufmerksamkeit, Konzentration und Ehrlichkeit. Durch die Formalisierung des Gesprächs wurde der Müll beseitigt, der den Dialog am Arbeitsplatz meistens vernebelt; kein Smalltalk, keine diffuse Spekulation verstellte den Weg. Stattdessen machte jeder Teilnehmer die Erfahrung, freiheraus sagen zu dürfen, was er wirklich dachte und fühlte, und gehört zu werden – sehr wertvoll an einem Arbeitstag!

»Wir sprechen nicht von Konfliktlösung, sondern von Transformation, Umwandlung. Unter dem Fuß des Drachen liegt immer ein Edelstein begraben – die Lehre, die man aus einem Konflikt ziehen kann. Daher sollte man die Dinge beim Namen nennen – und dann möglichst ruhig darüber sprechen.«

Die Erfahrung erwies sich als so beeindruckend, dass das Team nun auf Elworthys Verfahren zurückgreift, sobald die Organisation ins Stocken gerät: Man hält inne, setzt sich hin und nimmt wieder Kontakt auf. Die Fragen können sich steigern: Was hast du gern? Wovor fürchtest du dich? Was sind deine ehrgeizigsten Ziele?

»Der Erfolg war so durchschlagend, dass sich unsere Befürchtungen in Luft auflösten«, erinnert sich einer der Teilnehmer. »Wir gingen viel authentischer miteinander um. Fünfzehn Minuten von dieser Übung ersetzen vier Stunden Diskussion.«

Der Zweck einer gerechten Kultur besteht darin, das gesamte Kontingent an Informationen, Intelligenz und Wissen zutage zu fördern, das erforderlich ist, um die besten Entscheidungen zu treffen. Aus diesem Grund arbeitet man in Gruppen, weil Teamarbeit in ihrer optimalen Form jene konstruktiven Konflikte provoziert, aus denen bessere Ideen erwachsen: feingeschliffen durch den Zusammenprall unterschiedlicher Sparten und Denkweisen. Trotzdem sagen die meisten Menschen, wenn man sie fragt, sie hätten Angst vor Konflikten. Nur die allerwenigsten behaupten, sie zu mögen. Auch Führungskräfte tun sich schwer damit, denn 42 Prozent aller Firmenchefs räumen ein, dass das Gebiet, auf dem sie sich am wenigsten bewandert fühlten, die Konfliktlösung sei. Doch wenn man Konflikte richtig angeht, erreicht man in der Tat diese »Transformation«, von der Scilla Elworthy spricht: der Konflikt als positiver Prozess, bei dem jeder wächst.

Unterschiede machen einen Unterschied

Damit Konflikte tatsächlich auch kreativ werden, ist ein komplexes Aufgebot an Persönlichkeiten, Hintergründen, Denkweisen und Haltungen erforderlich. Doch es gibt gute Gründe, warum dies häufig *nicht* geschieht. Wir sind alle voreingenommen. Unser Gehirn arbeitet nicht zuletzt deshalb so effizient, weil es nach Übereinstimmungen sucht. Wenn ich etwas sehe, das einer vergangenen Erfahrung gleicht, nehme ich eine Abkürzung zu ihm und vertraue ihm, weil ich annehme, dass es in etwa das Gleiche ist wie das, was ich schon kenne: Ich überspringe somit jedes mühsame Dazulernen. Doch die Sache hat einen Haken. Am vertrautesten – bin ich mir selbst. *Ich* bin das Gesicht, das ich jeden Tag im Spiegel sehe, und die Stimme, die ich tagein, tagaus höre. Mein Gehirn bevorzugt daher Menschen, die mir ähnlich sind, weil es sich mit ihnen wohler fühlt. Aus diesem Grund sucht sich jeder, statistisch gesehen, einen Lebenspartner, der ungefähr dieselbe Statur, dasselbe Gewicht und Alter, dieselbe Herkunft, denselben Intelligenzquotienten, dieselbe Nationalität und Ethnie hat. Und ebenfalls aus diesem Grund engagierte ich als ehrgeizige junge Fernsehproduzentin auf der

Suche nach dem besten Team, das ich finden konnte, weibliche Geisteswissenschaftlerinnen, die mehrere europäische Sprachen beherrschten, unter 1,70 m groß und allesamt im Juni geboren waren: Menschen wie mich. Erstklassige Teams brauchen Fenster zur Welt, aber weil wir allesamt voreingenommen sind, bekommen wir meistens nur Spiegel.

Dies ist natürlich seit mehreren Jahrzehnten der Grundgedanke von Programmen, die für Vielfalt in Unternehmen plädieren; Teams erzielen bessere Leistungen, wenn sie aus Männern *und* Frauen bestehen; die effektivsten Informationsnetzwerke bestehen aus einem breiten Spektrum an Personen, Hintergründen und Fachwissen. Und die meisten Firmen versuchen die Märkte widerzuspiegeln, die sie bedienen. Wie können wir aber, zumal unsere Voreingenommenheit gegen uns arbeitet, die Art von Vielfalt schaffen und tolerieren, die für kreative Konflikte unerlässlich ist?

Ted Childs wusste, wie. Ich begegnete Childs zum ersten Mal anlässlich einer Tagung in London zum Thema Vielfalt am Firmensitz von IBM. Solche Veranstaltungen wurden fast immer von Frauen geführt, und so war ich überrascht, als ein afroamerikanischer Mann auftrat. Doch als er anfing zu reden, wusste ich, warum er gekommen war.

Childs sprach von der Erfahrung mit Voreingenommenheit, beschrieb deren Hinterhältigkeit, Unsichtbarkeit und Blindheit für sich selbst und für Talent, das anders aussah. Er beschrieb die Kämpfe, die er innerhalb der Firma IBM ausgefochten hatte, um Strategien anzuregen, die dann erfolgreich Scharen intelligenter Frauen anzogen, die das Unternehmen nicht verließen, sobald sie Kinder bekamen, sondern deren Karrieren, welche

UNTER DEM FUSS DES DRACHEN LIEGT IMMER EIN EDELSTEIN BEGRABEN

NOTIZEN

auch immer sie wünschten, unterstützt und gefördert wurden. Childs sprach mit größerer Kompetenz über die Gleichstellung der Geschlechter als irgendwer sonst. Jahre später fragte ich ihn, warum er so viel hatte bewegen können. War es etwa der Tatsache geschuldet, dass er *keine* Frau war?

»Unbedingt«, bestätigte er. »Wer sich für eine Gruppe starkmacht, die nicht die eigene ist, kämpft anders. Als IBM mich beauftragte, für Vielfalt einzutreten, wollte ich mein Hauptaugenmerk nicht auf Schwarze richten. Ich konzentrierte mich stattdessen auf Frauen, Homosexuelle und Menschen mit Behinderung. Auf diese Weise konnte ich den Leuten den Wind aus den Segeln nehmen und beweisen, dass ich es ehrlich meine.«

Childs erklärte mir, was ich an jenem Abend in London empfunden hatte: die unbestreitbare moralische Autorität eines Menschen, dem es nicht um die eigenen Belange geht. In einer wahrhaft kreativen Debatte ist das Eigeninteresse stets Verpflichtung, Selbstlosigkeit aber ist Macht.

Der kreative Konflikt will geübt sein

Zuviel Homogenität schließt fruchtbare Konflikte aus. Dasselbe gilt für Angst.

Erziehung oder Bildung bereiten Menschen meistens kaum auf die Doppelbödigkeit und Unsicherheit hitziger Debatten vor. Doch das kann man lernen.

»Man übt das Bewerbungsgespräch, übt für Prüfungen, übt, um sein Tennisspiel zu verbessern«, sagt mir Brooke Deterline. »Warum sollte man nicht auch die Auseinandersetzungen und

Konflikte üben, die einem am Arbeitsplatz unweigerlich begegnen?«

Deterline arbeitet mit Firmen an einer, wie sie es nennt, mutigen Unternehmensführung: Sie bringt Mitarbeitern auf allen Ebenen eines Unternehmens bei, wie sie Probleme, Bedenken und Ideen am Arbeitsplatz klar und deutlich äußern können. Gewissermaßen gilt ihre gesamte Mission der Bekämpfung des betriebsinternen Schweigens: Sie lehrt die Menschen, den Zeitpunkt zu erkennen, zu dem sie mutig eine Idee oder ein Gegenargument vorbringen wollen.

»Eine erste Serie von Workshops haben wir bei Google angeboten«, sagte Deterline. »Dort lautet die Devise: ›Tue nichts Böses.‹ Der schwierige Teil ist nun: Wie befähigen wir die Mitarbeiter dazu, Gutes zu tun? Sehr wenige Menschen kommen zur Arbeit und wissen, wie das geht, oder haben das Gefühl, dass sie das dürfen. Also müssen sie es lernen und üben.«

Als Google vor zehn Jahren erkannte, dass der Datenschutz zum Reizthema werden würde, schaffte das Unternehmen ein »Datenbefreiungsteam«, das sich für den Schutz persönlicher Informationen einsetzt. Im Wesentlichen besteht seine Funktion darin, betriebsinterne Teams von der Vorstellung abzubringen, sie könnten Informationen »einsperren«. Es hat daher die spezielle Aufgabe, Diskussionen zu provozieren, weil die Teams, mit denen es arbeitet, auf diese Weise ehrlich bleiben.

Konflikte tauchen in Unternehmen in vielerlei Gestalt auf. Manchmal manifestieren sie sich als ein eher höfliches Ritual, wie Elworthy es bei den Luxusfirmen antraf. Oft verbergen sie sich im Schweigen, das von der Furcht der Mitarbeiter zeugt, aus der Reihe zu tanzen – ob mit guten oder mit schlechten Nachrichten. Und in vielen Unternehmen beschränken sie sich auf banale Themen – das Essen oder die Parkplätze – als Ersatz für die substantiellen kreativen Auseinandersetzungen, die niemand vom Zaun zu brechen wagt.

Solche Zustände schreien förmlich nach mutigen, fähigen und aufrichtigen Menschen, die den kreativen Konflikt auf die wirklich wichtigen Themen lenken. Autoren wie Mary Gentile (*Giving Voice to Values*), William Ure (*Getting to Yes or Getting Past No*) und Kerry Patterson (*Crucial Conversations*) beweisen, dass sich Menschen, sosehr sie sich auch wünschen, offen zu sein, wirklich schwertun, diesem Vorsatz gerecht zu werden. Wir haben nichts als eine Stimme – und die Zeit, die nötig ist, bis wir gelernt haben, sie zu benutzen.

Luke, ein Teilnehmer in Deterlines Workshop, musste sich gegen einen kampflustigen CEO behaupten, der glaubte, der einzige Weg, einen Vertrag auszuhandeln, führe über Einschüchterung und rohe Gewalt – doch dies widersprach allem, woran Luke glaubte. Also arbeitete er sich durch Deterlines einfaches Rezept: Er nahm sich Zeit, über den Konflikt nachzudenken, konsultierte seine Kollegen und übte sein Aufbegehren.

»Ich stand entsetzlich unter Druck, da ich dem zuwiderhandeln musste, was ich für richtig erachtete«, erinnert er sich. »Davor hätte ich den Konflikt automatisch gemieden. Doch weil wir diese Konflikttypen bereits geübt hatten, handelte ich diesmal meiner Überzeugung gemäß und sicherte mir die Eigenständigkeit, den Rest der Verhandlung so zu führen, wie ich es für angemessen hielt. Anstatt aus den Augen zu verlieren, was ich für wertvoll erachtete, und dem Druck durch den Gründer nachzugeben, behauptete ich mich, hielt die Frist ein und übertraf, indem ich auf meine Weise arbeitete, die finanziellen Ziele für das Projekt.«

Indem er erkannte, dass seine Werte auf dem Spiel standen, hatte dieser Mitarbeiter einen wichtigen ersten Schritt getan. Wenn man müde ist, zerstreut oder ganz auf die Einhaltung einer Frist konzentriert, kann sogar dies schwierig sein. Experimente zeigen, dass wir die moralische Tragweite oft gar nicht bemerken, und wenn wir es schließlich tun, ist es zu spät. Doch Luke fand heraus, dass ihn das Erkennen des Moments, an dem er lieber geschwiegen hätte, dazu brachte, innezuhalten und über seine Wahlmöglichkeiten nachzudenken. Ratschläge, Verbündete und Probedurchläufe gaben ihm genügend Selbstvertrauen, um sich zu behaupten.

Wann immer ich mit Menschen spreche, die dem Drang, Konflikten aus dem Weg zu gehen, widerstanden haben, höre ich dieselbe Geschichte: ›Ich hatte mehr Spielraum, als ich gedacht hatte. Und jetzt werde ich es wieder tun.‹ Sie haben verstanden, dass es die Arbeit bereichert, wenn sie die eigenen Werte, Überzeugungen und Ideen artikulieren, und dass sie dadurch eine möglicherweise sterile, nervenaufreibende Konfrontation in einen wirklich kreativen Konflikt verwandeln. Einer der Manager erinnerte sich:»Plötzlich habe ich mein gesamtes Berufsleben als ein Experiment betrachtet. Der Eindruck war so mächtig, dass ich herausfordernde Situationen begrüßte – sogar suchte –, nicht nur für mein eigenes Weiterkommen, sondern auch für das der anderen und die Gesundheit meiner Firma.«

Die deutsche Philosophin Hannah Arendt definierte das Denken als ein Selbstgespräch. Wenn Unternehmen denken, muss dieses Gespräch jedoch zwischen Kollegen stattfinden: Sie müssen Beobachtungen, Ideen, Fakten, Interpretationen prüfen, ausreizen, herausfordern. Die Fülle des daraus resultierenden Dialogs erfordert Informationen und gute Fragen.

Informationen sollten unterschiedlich sein. Wozu müssten, wenn jeder dasselbe Wissen mitbringt, fünf Personen im Zimmer sein, zumal doch eine genügen würde? Einhelligkeit ist immer ein Zeichen dafür, dass die Teilnahme am Gespräch nur halbherzig ist. Warum sollte man sich gegenseitig in seinen Vorurteilen und Überzeugungen bestätigen, anstatt mit Fakten, Geschichten und Erfahrungen aufzuwarten, die bereichern und den Horizont erweitern? Ein denkender Gesprächspartner ist keine Echokammer; er bringt einen gut funktionierenden Verstand, neue Perspektiven und Herausforderungen mit. Fragen Sie sich: Was habe ich zu bieten, das mich von den anderen unterscheidet? Und genau aus diesem Grund sitzen Sie mit am Tisch.

In seinen Funktionen als Special Assistant des Direktors der CIA und als Vizevorsitzender des National Intelligence Council der CIA war Herb Mayer für die Erstellung der U.S. National Intelligence Estimates zuständig. Doch die Daten, die er erhielt, bereiteten ihm vermehrt Unbehagen. Alles, was man ihm sagte, schien die bereits vorherrschenden Meinungen zu bestätigen: Der Kalte Krieg sei noch immer heftig im Gange, die UdSSR sei mächtig wie eh und je. Das Fehlen *widerlegender* Daten verwirrte und beunruhigte Meyer. Und wenn die vorherrschende Meinung *nicht* zuträfe? Welche Beobachtungen könnten die Geheimdienste machen?

Ich finde Meyers Frage genial und zudem bestens geeignet, eine gründliche Untersuchung anzustoßen, die jeder kritischen Entscheidungsfindung vorangehen sollte. Was würden wir wohl sehen, wenn wir uns täuschten? Meyer erstellte eine Liste von allem, was passieren könnte, wenn die Sowjetunion vor dem Kollaps stünde, und schickte sie an die diversen Spionagenetzwerke. Es war ein kostengünstiges Experiment: Fiel ihnen nichts auf, würde die vorherrschende Meinung weiter gelten. Doch als eine der ersten Informationen traf die Nachricht ein, dass ein Güterzug, der wöchentlich Fleisch transportierte, entführt und die gesamte Ladung gestohlen worden war. Man hatte zunächst das Militär losgeschickt, es dann aber mit dem Befehl »zu niemandem ein Wort!« wieder abgezogen.

»Tja, so etwas passiert nicht, wenn die Wirtschaft boomt, oder?«, fragte Meyer. »Die Leute würden kein Fleisch stehlen und schon gar nicht ungestraft davonkommen. Die Sache gab uns zu denken. Und es gab noch mehr solcher Beobachtungen.«

Meyer gilt gemeinhin als einer der Ersten weltweit, die den Zusammenbruch der Sowjetunion akkurat vorhersagten – nicht, weil er einen vagen Verdacht hatte, sondern weil er diesem nachging, seine These zu widerlegen suchte und den Mut und die Klugheit besaß, eine großartige Frage zu stellen: Was würden wir sehen, wenn wir uns täuschten? Er blieb nicht einfach auf seinen Bedenken sitzen; er besorgte sich die Daten und die Verbündeten, die er brauchte, um eine Debatte vom Zaun zu brechen: ein Konflikt vom Feinsten.

Bessere Fragen, bessere Entscheidungen

Fragen sind Herz und Seele konstruktiver Konflikte. Sie setzen Untersuchungen in Gang, bringen neue Informationen und richten Debatten neu aus. Als ich die London Business School besuchte, erstellte ich ein Buch mit Fragen, weil ich erkannte, dass Fallstudien schnell veralteten waren, wogegen Fragen Bestand hatten und zu Denkgewohnheiten werden konnten.

- Wer muss von unserer Entscheidung profitieren? Und wie?
- Was müssten wir noch wissen, um von dieser Entscheidung wirklich überzeugt zu sein?
- Wer ist von unserer Entscheidung betroffen und hat gleichzeitig am wenigsten Einfluss darauf?
- Wie viel von dieser Entscheidung müssen wir heute treffen?
- Warum ist das wichtig? Und was ist *daran* wichtig?
- Was würden wir tun, wenn wir unendlich viele Ressourcen hätten – Zeit, Geld, Menschen? Und was würden wir tun, wenn wir überhaupt keine hätten?
- Aus welchen Gründen ist dies die richtige Entscheidung? Aus welchen Gründen ist dies die falsche Entscheidung?

Ausführliche Debatten und Diskussionen sind wesentliche Aktivitäten in einem Unternehmen, weil sie, wenn sie ordentlich geführt werden, Ängste und Zweifel ans Licht bringen und Ideen zutage fördern. Indem sie uns ermutigen, eigenständig zu denken, gründlicher nachzudenken, umzudenken, helfen sie uns dabei, das zu sehen, was wir gerne ignorieren. Dies ist auf allen

Ebenen eines Unternehmens von entscheidender Bedeutung. Donna Hamlin zeigt Vorständen, wie sie dafür sorgen können, dass die richtigen Debatten geführt werden. Ihre Faustregel lautet: Stellen Sie zu jeder Aussage, die Sie treffen, drei Fragen. Auf diese Weise bleibt es ein offenes Gespräch.

Für wichtige Entscheidungen sollten Sie einen Advocatus Diaboli bestimmen, dessen besondere Aufgabe darin besteht, entgegengesetzte Positionen einzunehmen, Fakten oder Argumente ans Licht zu bringen, die banalisiert, kleingeredet oder an den Rand gedrängt wurden. Allerdings sollte niemand in dieser Rolle stecken bleiben – er wäre bald mattgesetzt. Die Rolle reihum gehen zu lassen, ist dagegen eine phantastische Gelegenheit für einen kritischen, konstruktiven Konflikt: eine Erfahrung, die jeder braucht, um sein Denken aufzufrischen.

In der Beschreibung seiner Arbeit bei Pixar schildert Präsident Ed Catmull die wilden Braintrust-Sitzungen, die mit der Entwicklung jedes Films einhergehen. Dabei wird heftig und hitzig debattiert; vor allem die Offenheit aller Beteiligten trägt zur Lösung von Problemen bei. Niemand verschwendet Zeit damit, Bemerkungen einzuordnen; stattdessen bietet jeder seine besten Vorschläge einem Regisseur, der nicht verpflichtet ist, einen davon zu übernehmen – ein entscheidender Faktor. Einige Fluglinien besetzen ihre Vorstände mit den Sicherheitschefs ihrer Konkurrenten, weil sie der Meinung sind, dass eine Herausforderung auf Augenhöhe der beste Weg sei, um bei essentiellen Fragen Vertrauen aufzubauen. Beides sind Formen der Zusammenarbeit, die zeigen, wie eine Kombination aus Erfahrung, aus Fragen und Zuhören sowie langjährigem Vertrauen Probleme und originelle Ideen zutage fördern kann.

Aus Fehlern wird man klug

In einer gerechten Kultur sollte ein jeder seine besten Ideen, seine ganze Erfahrung und Aufmerksamkeit, seine Fragen und Argumente beitragen, um die besten neuen Ideen und Systeme hervorzubringen. Doch diese werden nicht vollkommen sein; Fehler werden sich einschleichen. Wenn Menschen jedoch allzu viel Angst vor Irrtümern haben, können sie weder frei sprechen noch frei denken. Wesentlich für das Konzept einer gerechten Kultur ist daher die Überzeugung, dass Fehler, solange sie ohne böse Absicht passieren, kein Grund sind, sich zu schämen, sondern eine Möglichkeit dazuzulernen.

Am Massachusetts General Hospital führte der orthopädische Chirurg David Ring bei einem Patienten mit Schnappfinger-Syndrom fälschlicherweise eine Karpaltunnel-OP durch. Erst als er seine Notizen niederschrieb, erkannte er seinen Irrtum und beeilte sich, ihn zu beheben. Doch damit gab er sich nicht zufrieden. Ring führte selbst eine gründliche Untersuchung durch, um herauszufinden, wie es zu dem Fehler hatte kommen können. Dann ging er noch einen Schritt weiter und veröffentlichte seine Ergebnisse in der Zeitschrift *New England Journal of Medicine*. Damit machte er Schlagzeilen.

Seitdem ist Ring ein entschiedener Streiter für Patientensicherheit und betont immer wieder, wie wichtig es sei, Fehler zu kommunizieren. »Wer über Fehler nicht sprechen kann«, sagte er zu mir, »lernt nicht dazu. Man gelangt allenfalls zu der Überzeugung, perfekt zu sein – was gefährlich ist. Wenn man selbst zu seinen Fehlern stehen kann, können andere das auch. Und auf diese Weise lernt man dazu. Auf diese Weise lernen ganze Organisationen dazu.«

Auf dem Weingut Torres gibt es ein großes schwarzes Buch. Es enthält nicht etwa die Namen diskreditierter ehemaliger Angestellter oder enttäuschender Lieferanten. Es ist ein Buch der Fehler. Wann immer jemandem ein Fehler unterläuft, schreibt er ihn dort auf. Ein Eintrag zum Beispiel stammt vom Leiter der Finanzabteilung, der eine 200 000 Dollar teure Fehlentscheidung einräumt. Doch der Wert des Buches geht weit über die Niederschrift eines Fehlers hinaus: Jeder Neuling in der Firma liest darin, wenn er seine Arbeit beginnt. Dieses einfache Buch hilft, aus Fehlern zu lernen, damit sie nicht wiederholt werden, und sendet zudem eine mächtige Botschaft: Jeder macht Fehler. Macht und Status machen nicht unfehlbar; Fehler sind die Durchgangsstationen des Fortschritts.

In den meisten Berufen sind Entscheidungen eigentlich nur Hypothesen: Anhand der verfügbaren Informationen wurde eine Wahl getroffen, die entweder zum beabsichtigten Ergebnis führte oder nicht. Läuft alles nach Plan, nennen wir uns schlau; wenn nicht, ist uns ein Fehler unterlaufen. In Wahrheit wurde nur die Hypothese nicht bestätigt. Wenn wir dies als neue Information verbuchen statt als Fehler, wird aus der Debatte eine Erkundung, aus der Auseinandersetzung ein Denkprozess. Wer leichthin sagen kann, »ich habe mich geirrt«, wird den Druck los, perfekt sein zu müssen.

In den meisten Unternehmen ist die Behauptung, Fehler seien wichtig, ein reines Lippenbekenntnis, denn nur wenige Leute glauben, dass sie ohne negative Folgen über ihre Fehler sprechen können. In einer aktuellen Studie sagten 88 Prozent der Befragten, sie würden Fehler nur privat zugeben; lediglich 4 Prozent waren gewillt, dies auch vor anderen zu tun. Doch die Korrelation in der Medizin zwischen der Offenheit im Umgang mit Fehlern und der Patientensicherheit ist ein zwingendes Argument dafür, dass nur ein offener Umgang mit Fehlern Systeme sicherer und schlauer werden lässt. Wie oft und wie leicht geben Sie zu, dass Sie falschlagen? Sie würden damit anderen die Erlaubnis geben, es Ihnen gleichzutun. Genau wie in der Luftfahrt werden hochkomplexe Verfahren nur dann verlässlich, wenn sich alle darum kümmern, Verantwortung übernehmen und sich engagieren.

Ein konstruktiver Konflikt ist weder eine Kampfarena noch ein Geselligkeitsverein. Pixar-Präsident Ed Catmull erzählt, anfangs seien alle Filme mies. Dasselbe gilt für Ideen, Zweifel, Bedenken: Sie alle sind zunächst unausgegoren, unpräzise und daneben. Der erste Schimmer einer Idee oder Feststellung ist wie Goldstaub – äußerst kostbar, aber schwer zu entdecken und auch nicht sofort von Wert. Wir bilden Gruppen und Teams, um unseren Fund zu verfeinern, umzugestalten und zu polieren. Die Auseinandersetzungen, die sich dabei ergeben, sind der Beweis für unser Engagement. Erst durch diesen Konflikt tritt der wahre Glanz zutage.

2

Soziales Kapital

Als Leiterin eines Bostoner Software-Unternehmens wurde mir bewusst – und mein Vorstand bestätigte es mir –, dass wir die Firma neu positionieren mussten. Unser Produkt war zu fade, zu unauffällig, um neue Kunden zu gewinnen und dauerhaft zu binden. Ich brauchte Hilfe und löste das Problem schließlich mit einer bunten Crew: ein junger Web-Entwickler, ein ausgekochter, exzentrischer Medienexperte, ein bildender Künstler und ich selbst. Wir brüteten eine Woche versteckt im Hinterzimmer eines Burgerladens, um Möglichkeiten auszuloten, einfache Lösungen abzulehnen, uns gegenseitig anzuspornen, etwas zu finden, das keiner von uns sehen konnte. Im Rückblick empfinde ich diese Zeit als eine meiner lehrreichsten Erfahrungen überhaupt. Das Team war herausragend – und erfolgreich –, nur warum? Wie konnte eine so bunt zusammengewürfelte Schar so gut zusammenarbeiten? Was machte diesen kreativen Konflikt so produktiv?

Sie könnten argumentieren, dass wir ein gewaltiges Intelligenzaufgebot im Raum hatten, was ja auch stimmt. Doch dazu kam noch etwas viel Wichtigeres: unser soziales Kapital – Vertrauen, Kenntnisse, wechselseitiges Geben und Nehmen und gemeinsame Normen, die Lebensqualität schaffen und eine Gruppe widerstandsfähig machen. In jedem Unternehmen gibt es hochintelligente Individuen – was diese aber dazu ermuntert, ihre Ideen und Bedenken zu teilen, einander Denkanstöße zu geben und rechtzeitig auf potentielle Risiken hinzuweisen, ist ihre Verbindung zueinander. Soziales Kapital ist das Herzstück gerechter Kulturen: Sie gründen darauf – und bringen es hervor.

In einer faszinierenden Studie zur kollektiven Intelligenz analysierte Thomas Malone in Zusammenarbeit mit einem Team von Forschern vom Massachusetts Institute of Technology (MIT) Gruppen, die bei der kreativen Lösung von Problemen außergewöhnlich effektiv waren. Das Ziel der Wissenschaftler bestand darin, die hervorstechenden Merkmale zu identifizieren, die einige Teams zu weitaus besseren Problemlösern machten als andere. Sie fanden heraus, dass die individuelle Intelligenz (der Intelligenzquotient) nicht der ausschlaggebende Faktor war. Ob das Team über eine hohe Gesamtintelligenz verfügte oder nur über einen oder zwei Überflieger, machte keinen großen Unterschied. Die Gruppen, die mehr herausragende Lösungen zutage förderten als andere, verfügten allesamt über drei Schlüsselmerkmale. Erstens ließen ihre Mitglieder einander ungefähr dieselbe Redezeit. Dies wurde weder überwacht noch reguliert, dennoch verhielt sich in den sehr erfolgreichen Gruppen niemand übermäßig dominant oder übermäßig passiv. Jeder hatte einen Beitrag zu leisten, und keine Äußerung blieb ungehört.

Zweitens zeichneten sich diese erfolgreichen Gruppen durch ihr soziales Gespür aus: Die einzelnen Personen waren besser aufeinander eingestimmt, nahmen subtile Veränderungen in Stimmung und Verhalten der anderen wahr. Sie erzielten eine

32

höhere Punktzahl bei einem Test namens *Reading the Mind in the Eyes*, bei dem die Empathiefähigkeit geprüft wurde. In diesen Gruppen herrschte Aufmerksamkeit für die Bedürfnisse der anderen. Diese (und andere) Forschungsergebnisse heben hervor, wie entscheidend die Rolle sozialer Verbundenheit sein kann.

Wenn ich die Forschungsergebnisse lese, sehe ich mein altes Team vor mir. Jedes Mitglied war intelligent und mit einem Schatz unterschiedlicher Erfahrungen ausgestattet, aber niemand musste sich einem anderen unterordnen; wir alle waren neugierig auf das, was die anderen zu bieten hatten. Wir wussten, dass wir eine Antwort brauchten, wussten aber auch, dass keiner von uns sie aus dem Ärmel schütteln konnte; wir würden zusammenarbeiten, um gemeinsam etwas fertigzubringen, das wir nicht alleine schaffen konnten. Hin und wieder waren wir frustriert, verärgert, ungeduldig. Aber keiner von uns hatte ein festes Programm im Kopf, wir alle wünschten uns leidenschaftlich den gemeinsamen Erfolg. Und wir hatten Glück; aber ist Glück das Einzige, worauf man sich verlassen sollte?

Wie lehrt man Empathie?

Als ich Malones Forschungsergebnisse auf einer Konferenz 500 Führungskräften aus der Wirtschaft beschrieb, fragte einer von ihnen, ob man jemandem Empathie beibringen könne. Solle man seine Mitarbeiter entsprechend auswählen, oder könne diese Fähigkeit auch innerhalb von Teams und Unternehmen entwickelt werden? Wie es aussieht, ist Empathie – das Vermögen, sich vorzustellen, wie andere die Welt sehen – von entscheidender Bedeutung. Kunden und Kollegen sehen nicht alles so wie man selbst, und indem wir die Perspektive der anderen einnehmen, lernen wir dazu. Doch keiner von uns tritt schon voll ausgebildet ins Arbeitsleben ein, und wesentliche Fertigkeiten müssen noch entwickelt werden.

Das Lehren von Empathie erinnerte mich an Carole Vallone. Sie führt mittlerweile drei erfolgreiche Unternehmen. Als ich sie kennenlernte, leitete sie WebCT. Die Firma war das Ergebnis der Fusion ihres in Boston ansässigen, durch Wagniskapital finanzierten Unternehmens (sein Name lautete ursprünglich Universal Learning Technologies) mit einer kanadischen gemeinnützigen Organisation. Diese kulturellen Unterschiede stellten Vallone vor die Herausforderung, die wilde Truppe zu einem intelligenten, funktionsfähigen Team heranzuziehen, in dem Empathie und Respekt großgeschrieben wurden – was keineswegs selbstverständlich war.

Als es an der Zeit war, das jährliche Budget der Firma zu überschlagen, erstellte jeder Abteilungsleiter seinen eigenen Haushalt – musste ihn aber dann einem Kollegen so überzeugend erklären, dass dieser ihn beim Meeting des Führungsteams rechtfertigen konnte. Der Technische Direktor würde für das Marketing eintreten; der Verkaufschef setzte sich für die Produktionsabteilung ein, der Chef der Kundenbetreuung erklärte die Bedürfnisse der Technikabteilung. Diese einfache Übung war von durchschlagender Wirkung. Jeder musste das *gesamte* Unternehmen aus einem anderen Blickwinkel betrachten. Sie begriffen es als ihre Pflicht, ihre Aufgabe so gut wie möglich zu erledigen – und sei es auch nur, um sicherzustellen, dass ihr Gegenüber es ebenso hielt. Sie mussten jedem zuhören und konnten nicht nur abwarten, bis sie an der Reihe waren. In Wahrheit lehrte Vallone Empathie: Jeder Manager wurde dazu aufgefordert, die Firma durch die Augen eines anderen zu betrachten und die wichtigen wechselseitigen Verbindungen und Abhängigkeiten zu erkennen.

In großen Unternehmen habe ich erlebt, wie Menschen paarweise ihre Probleme auf diese Art lösten. Der Geschäftsführer der Hauptniederlassung fordert den Geschäftsführer einer Zweigniederlassung heraus, wonach sie die Rollen tauschen. Auf diese Weise ergründen sie die Anforderungen und Unwägbarkeiten beider Positionen, erkennen gemeinsame Themen, finden Wege, wie sie sich gegenseitig helfen und unterstützen können, und die Empathie wächst. Obwohl viele Menschen den Konflikt scheuen, weil sie befürchten, er könnte das Miteinander gefährden, ist es paradoxerweise so, dass eine ehrliche Auseinandersetzung – während der schwierigen gemeinsamen Arbeit – das Zusammengehörigkeitsgefühl stärkt. Wenn ich Auseinandersetzungen aus dem Weg gehe, geschieht gar nichts. Nur wenn wir uns beide auf eine Debatte einlassen, gelingt der Perspektivwechsel.

Mörtel und Steine

Der Mörtel, nicht nur der Stein, sorgt für die Stabilität eines Gebäudes. In diesem Kontext steht der Mörtel für das soziale Kapital: die Gewissheit, sich aufeinander verlassen zu können, ein tiefes Gefühl der Zusammengehörigkeit, das Vertrauen schafft. Die Idee des sozialen Kapitals entstand aus der Erforschung von Gemeinschaften und den Faktoren, die sie in unruhigen Zeiten überleben und prosperieren ließen. Doch das Konzept erhält existentielle Bedeutung, wenn man es auf Organisationen überträgt, die mittlerweile regelmäßig von Veränderungen, Überraschungen und Unklarheiten heimgesucht werden. Am Arbeitsplatz spielt die soziale Verbundenheit eine entscheidende Rolle, wenn es darum geht, Einzelpersonen und Firmen widerstandsfähiger zu machen und ihnen beizubringen, wie sie Konflikte gut bewältigen.

Indem Vallone mit ihrer Budget-Übung die wechselseitige Abhängigkeit ihrer Abteilungsleiter ans Licht brachte, schuf sie die Verbundenheit, die mit dazu beitrug, dass die Leute sich bereit erklärten, gemeinsam nach besseren Ideen und Entscheidungen zu suchen. Ein hohes Maß an sozialem Kapital erzeugt das Vertrauen, das Konflikte erst ungefährlich, lebhafter und offener macht. So entsteht eine Aufwärtsspirale: Wenn sie gut gehandhabt werden, erzeugen kreative Konflikte soziales Kapital, das wiederum die Konflikte sicher und konstruktiv macht. (Die Abwesenheit von sozialem Kapital dagegen verhindert, dass die Menschen offen sprechen und frei denken – das bedeutet, dass sie nie dieses Gefühl der Verbundenheit entwickeln, das sie voneinander brauchen.)

Der Aufbau von sozialem Kapital klingt wie eine abstrakte Idee, kommt aber durch eine Anhäufung kleiner Aktionen zustande. Wenn ich mich mit Unternehmensführern darüber unterhalte, bestätigen mir viele, dass es kleine Initiativen waren, die ihre Unternehmen grundlegend veränderten. Einer erzählte mir von den »Silos« in seiner Firma: Die unterschiedlichen Ressorts hatten Schwierigkeiten, vertrauensvoll miteinander umzugehen. Daraufhin hatte er allen die Aufgabe gestellt, kurze Filme vonein-

ander zu drehen. Obwohl er nicht damit gerechnet hatte, dass man viel Mühe auf das Projekt verwenden würde, berief er sämtliche Mitarbeiter in ein Kino, damit sie sich das Ergebnis ansehen konnten, und war verblüfft: Herausgekommen waren Filme von immenser Leidenschaft, großem Einfallsreichtum und mit viel Humor, die alle begeisterten, motivierten und inspirierten.

»Damals habe ich es noch nicht erkannt«, sagte er mir, »doch vermutlich haben wir nichts anderes getan als soziales Kapital aufgebaut.« Dank des Filmprojekts wurden die Teams miteinander bekannt; indem sie in den Filmen der anderen in Erscheinung traten, nahmen sie Anteil aneinander. Der Geschäftsführer musste zugeben, dass es für ein Unternehmen unabdingbar war, seine Mitarbeiter zu mehr Miteinander zu ermutigen.

Einige Unternehmen verbannen jetzt die Kaffeetassen von den Schreibtischen, nicht etwa, um die Computer zu schützen, sondern um sicherzustellen, dass die Leute gemeinsam um den Kaffeeautomaten abhängen. ASE Global verbietet seinen Angestellten, ihr Mittagessen am Schreibtisch einzunehmen. Zum einen soll damit gewährleistet sein, dass alle ihre Pausen einhalten, zum anderen erhalten die Mitarbeiter dadurch eine Gelegenheit mehr, einander kennenzulernen.

»Wir hatten eine hübsche Kantine. Doch sie nur zu haben war nicht genug«, erzählt mir CEO Rob Jones. »Wir haben sie unseren Leuten verordnet. Sie sollten erkennen, dass wir ihre gegenseitige Wertschätzung zu würdigen wussten. Wir denken, das kommt auch dem Unternehmen zugute.«

Die Schweden haben einen Begriff für das Miteinander am Arbeitsplatz; sie nennen es »*fika*«. Es ist der Zeitraum, in dem sich alle zu Kaffee und Kuchen zusammenfinden, die Hierarchie ablegen und sich über die Arbeit oder andere Themen unterhalten. Das Wort »*fika*« bedeutet mehr als nur eine Kaffeepause, denn es impliziert zugleich ein Gefühl der Verbundenheit. Der schwedische Wissenschaftler Terry Hartig spricht in diesem Zusammenhang von »gemeinsamer Erneuerung«, weil es die Gleichzeitigkeit sei, so seine Erklärung, die diesem Zeitraum den sozialen und wirtschaftlichen Wert verleihe.

Als Alex Pentland die Kommunikationsmuster in einem Callcenter untersuchte, riet er dazu, die Kaffeepausen so zu setzen, dass alle Teammitglieder zur selben Zeit Pause machen. Oberflächlich betrachtet, schien dies nicht sonderlich effizient zu sein, doch diese eine Gelegenheit, soziales Kapital aufzubauen, brachte der Firma 15 Millionen Dollar an Produktivitätsgewinn ein – während sich die Zufriedenheit der Angestellten um bis zu zehn Prozent steigerte. Nicht übel für eine Kaffeepause.

Ich wusste darüber nicht das mindeste, als ich meine erste Softwarefirma gründete. Wir hatten eine Menge junger, intelligenter, dynamischer, motivierter Leute versammelt, die sich allesamt wie wild in die Arbeit stürzten. Doch jeder war so sehr auf Aufgaben und Ziele fokussiert, dass es wenig Austausch gab. Jeder arbeitete hart, aber allein. Schon im ersten Jahr drohten Grabenkämpfe: Die Ingenieure waren der Meinung, dass die Marketingfachleute zu viel Wind machten, und die Buchhalter fanden, dass die Vertreter entsetzlich teuer waren für Leute, die nie da waren. Die Arbeit wurde als Transaktion betrachtet und ausgeführt. Die Beziehungen zwischen den einzelnen Personen wurden nicht enger.

Was ich entwickelte, war so einfach, dass ich immer noch ein merkwürdiges Gefühl habe, wenn ich jetzt darüber schreibe. Freitags hörten wir am frühen Nachmittag auf zu arbeiten, setzten uns zusammen und hörten zu, während einige Leute vor der gesamten Belegschaft erzählten, wer sie waren und was sie taten. Einige benutzten dabei PowerPoint; andere führten Sketche vor, schrieben Songs oder erzählten Geschichten. Wir erfuhren mehr voneinander: Ein Ingenieur hatte an einem der ersten Internet-Browser gearbeitet, ein Marketingfachmann einen berühmten Slogan erfunden, und eine russische Designerin hatte viel riskiert, um ihre Heimat zu verlassen. Die Achtung voreinander stieg spürbar. Zehn Jahre später ergab dasselbe Verfahren in einer völlig anderen Branche ein ähnliches Resultat: Die Zusammenarbeit wurde direkter, offener und angstfreier, als die Manager einander als menschlich wertvoll erlebten und Vertrauen fassten. Das soziale Kapital wächst, wenn man es ausgibt; je mehr Vertrauen und Gegenseitigkeit man bekundet, desto mehr bekommt man zurück.

Das MIT hat dazu Messungen vorgenommen. Alex Pentland und sein Team spürten den Kommunikationsmustern zwischen Mitarbeitern zahlreicher Organisationen nach, von Krankenhäusern über Banken bis hin zu Callcentern. Sie entdeckten, dass diese Interaktionsmuster ebenso wichtig waren wie alles andere *zusammen* – individuelle Intelligenz, Können, Persönlichkeit, Diskussionsinhalte. Was sich zwischen den Personen abspielte – nicht nur bei Sitzungen, sondern auch bei zwanglosen Unterhaltungen, kurzen Gesprächen im Flur, am Wasserspender –, hatte einen messbaren Einfluss auf die Produktivität. Dieses Ergebnis bestätigte, was wir alle längst geahnt hatten: dass die wahren Einflussnehmer in einem Unternehmen die Knotenpunkte sind – die Menschen, die am häufigsten mit anderen in Kontakt treten. Ihre Titel mögen keine Macht suggerieren, doch sie haben Macht: Durch sie wächst das soziale Kapital und führt schneller zu Veränderungen.

Die Zeit häuft soziales Kapital an

In Akademikerkreisen ist der Wissenschaftler Uri Alon bekannt für seine bahnbrechenden Erkenntnisse über die Grenze zwischen Physik und Biologie. Einer breiteren Leserschaft ist er dank seiner 2010 erschienenen Abhandlung *How to build a motivated research team* bekannt. (Wissenschaftler sind Unternehmern sehr ähnlich, weil auch ihr Erfolg davon abhängt, wie sie kniff-

DER VORTEIL EINGESPIELTER TEAMS

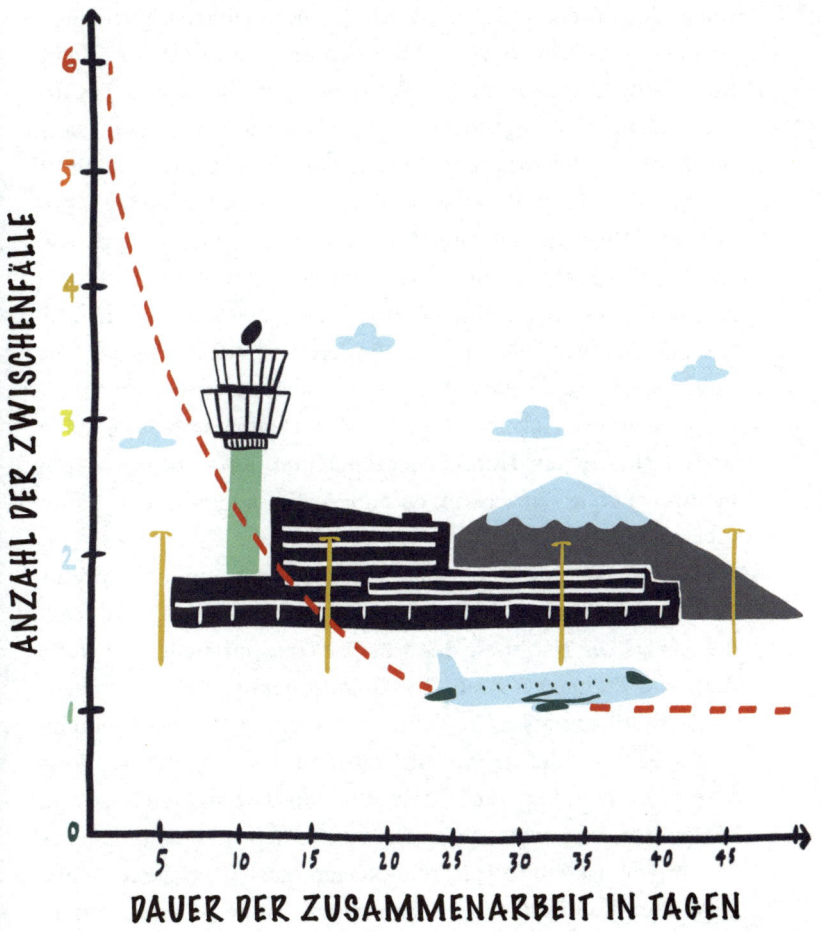

ANZAHL DER ZWISCHENFÄLLE

DAUER DER ZUSAMMENARBEIT IN TAGEN

lige Probleme erkennen und lösen – nicht selten in einem Wettlauf gegen die Zeit). Alon weiß zwar, dass Zeit kostbar ist, widmet aber dennoch die erste halbe Stunde seines allwöchentlich stattfindenden zweistündigen Meetings »nichtwissenschaftlichen« Themen wie Geburtstagen, Nachrichten und Kunst. Diese Praxis stiehlt der eigentlichen Wissenschaft nur scheinbar die Zeit – denn auf lange Sicht, so Alon, gleiche der Gewinn dank der höheren Motivation die Verluste bei weitem aus. Sobald die Gruppe sich dann wissenschaftlichen Themen zuwendet, weist er jedem Mitglied eine andere Rolle zu – als imaginäre Schiedsrichter oder Brainstormer –, eine Methode, mit deren Hilfe sich der konstruktive Konflikt innerhalb des Labors besser strukturieren lässt. Dies alles, so Alon, fördere jene soziale Verbundenheit, auf die ein Wissenschaftler sich verlassen müsse, wenn er auf jene Schwierigkeiten und Unwägbarkeiten stoße, die jeden wissenschaftlichen Durchbruch begleiten. Alon zufolge wären bahnbrechende Entdeckungen ohne soziales Kapital überhaupt nicht möglich.

In das Zusammengehörigkeitsgefühl zwischen Teammitgliedern zu investieren erhöht die Produktivität und senkt zugleich das Risiko. Die Nationale Behörde für Transportsicherheit NTSB (National Transport Safety Board) fand heraus, dass 73 Prozent aller Unfälle am ersten Tag auftraten, an dem ein Team gemeinsam arbeitete, und 44 Prozent während des ersten Flugs. Flugteams, die dagegen seit Jahren aufeinander eingespielt waren, leisteten bessere Arbeit als andere. Die Forschungsergebnisse des verstorbenen Richard Hackman zeigen, dass überlegene Teams zu großer Stabilität neigen; sie arbeiten lange Zeit zusammen, kennen und vertrauen einander. Das Auswechseln einzelner Mitglieder machte sie nicht etwa kreativer – sondern erwies sich als zerstörerisch und gefährlich; Neuheit war eine Bürde. Ein Rollentausch innerhalb eines stabilen Teams sorgte für ausreichend Veränderung, während die wertvolle Vertrautheit erhalten blieb, die sich entwickelt, wenn die Zusammenarbeit über einen gewissen Zeitraum weitergeht. Sogar im Bereich Forschung und Entwicklung, wo neue Talente gebraucht werden, um mit ihren Ideen für frischen Wind zu sorgen, stellte Hackman abschließend fest, dass die Einführung von nur einer Person alle drei bis vier Jahre genügen würde.

Ohne ein hohes Maß an sozialem Kapital fehlt der lebhafte Austausch, den schwierige Probleme erfordern. Kreativität braucht ein Klima der Sicherheit, aber ohne soziales Kapital wagt niemand einen frischen Gedanken, eine unkonventionelle Idee, eine herausfordernde Frage. Dass selbst das größte Talent soziales Kapital benötigt, wurde mir klar, als ich einen Firmenchef über eine unternehmerische Niederlage sprechen hörte.

Er erzählte die Geschichte eines begnadeten Managers, der von Hongkong an den Hauptsitz in Europa versetzt worden war. Alle setzten große Hoffnungen in ihn – doch kaum war er angekommen, geriet er ins Stolpern. Von seinem Team getrennt, seines sozialen Kapitals beraubt, reichte sein Intellekt allein nicht aus – doch kaum war er nach Hongkong zurückgekehrt, wurde er wieder zum Superstar. Bemerkenswerterweise schloss der CEO daraus, dass nicht der Manager, sondern die Firma versagt habe. Sie hatte nicht erkannt, dass der Intelligenzquotient allein nicht produktiv sein kann, und sei er noch so hoch. Er braucht Unterstützung, Sicherheit, Aufrichtigkeit, Beziehungen und Vertrauen, um zu gedeihen.

Soziales Kapital hat nichts mit Kumpanei zu tun; es bedeutet nicht, dass Arbeitskollegen unbedingt die besten Freunde werden müssen oder dass permanent Zuversicht herrschen muss. Viele großartige Teams sind ruppig und begegnen allem Zweitklassigen mit Ungeduld. Mürrische Orchester spielen oft besser als fröhliche; sie konzentrieren sich darauf, Bestleistungen zu erbringen, Zufriedenheit ist nicht der *Input,* sondern der *Output* der Zusammenarbeit. In Firmen mit einem großen sozialen Kapital geht man kein Risiko ein, wenn man konträrer Meinung ist; diese gilt vielmehr als Beweis für das eigene Engagement; die besten Denkpartner reden uns nicht nach dem Mund, sondern lassen sich von unserer Meinung inspirieren. Sie wissen, dass jede Idee zunächst mangelhaft, unvollständig oder sogar schlecht ist. In Unternehmen mit einem hohen Maß an sozialem Kapital sind Konflikte, Debatten und Diskussionen die Mittel, mit deren Hilfe sie sich verbessern lässt.

Organisationen, die soziales Kapital aufbauen, werden produktiver und kreativer, weil ein hohes Maß an Vertrauen ein Klima der Sicherheit und Ehrlichkeit schafft. So werden Unternehmen effizienter und auch gewinnbringender. Und wie? Indem man es den Mitarbeitern leichter macht, um Hilfe zu bitten. Hilfsbereitschaft mag als ziemlich blutleere Eigenschaft gelten, aber Team-Studien in unterschiedlichen Industriesparten – Papiermühlen, Banken, pharmazeutische Unternehmen und Einzelhandelsbetriebe – beweisen ausnahmslos, dass die Hilfsbereitschaft einer Gruppe direkte Auswirkungen auf Erträge, Kosten, Produktivität und Effizienz hat. Hilfsbereite Teams teilen ihr Fachwissen; sie lassen einander in Schwierigkeiten nicht hängen; sie versuchen, Probleme zu vermeiden, ehe sie entstehen, und lassen nicht zu, dass Kollegen an den Rand gedrängt oder kaltgestellt werden. Soziales Kapital baut sich sogar auf, wenn wir es ausgeben. Und je länger Gruppen zusammenarbeiten – je mehr soziales Kapital sie anhäufen –, desto größer sind die Vorteile. Vertrauen, Hilfsbereitschaft, Training und Mut werden zu den einfachen erneuerbaren Energien, die unser Arbeitsleben befeuern.

Extrem hinhören

Machen Sie folgendes Experiment: Wenn Sie das nächste Mal an einer Sitzung teilnehmen, sagen Sie kein Wort. Dies mag einfach klingen, aber Zuhören erfordert Mut – denn es bedeutet, dass man für das Gehörte offen sein muss.

Viele Führungskräfte betrachten dieses Experiment als eine Art Folter. Sie sind es gewohnt, mit vorbereiteten Argumenten an den Sitzungen teilzunehmen, die sie natürlich auch zu Gehör bringen wollen. Sie warten lediglich den passenden Zeitpunkt ab, um sich einzuschalten und die Debatte zu beenden. Doch um ein hohes Maß an sozialem Kapital aufzubauen, muss man ebenso gut zuhören wie sprechen können. Das gleiche Rederecht für alle, das Malone so wichtig fand, wird erst dann wirklich dynamisch, wenn man den Mut wie auch die Demut aufbringt, nicht nur zu sprechen, sondern auch zuzuhören und für Veränderungen offen zu sein.

Den Quäkern gilt das Zuhören als Möglichkeit, die Gegenwart tief in sich aufzunehmen. Ein Meeting repräsentiert gleichsam einen »verteilten« Kognitionsprozess, und das schweigende Zuhören ist keine Kommunikationsstörung, sondern eine Form

des sozialen Rückhalts. Eoin McCarthy, ein Consultant, der auch Quäker ist, wird oft gebeten, an Vorstandssitzungen teilzunehmen und eine rote Fahne zu heben, sobald er hört, dass eine Entscheidung getroffen wird. Die einzelnen Teilnehmer, sagt er mir, seien oft dermaßen auf ihre eigenen Beiträge fixiert, dass sie es nicht einmal bemerkten, wenn sie Diskussionen verhinderten.

McCarthy ist ein professioneller Zuhörer geworden. Dasselbe gilt für Matthew Owens, der den Wells Cathedral Choir leitet, einen der besten Kirchenchöre der Welt.

»Das Zuhören ist wichtiger als die Laute, die man von sich gibt«, sagte er mir. »Beim Singen muss man einander zuhören – und reagieren. Die besten Ensembles hören einander zu und gehen aufeinander ein; das zeichnet sie aus.«

Wenn Owens zuhört, achtet er sowohl auf das Ganze – Raumakustik, Stimmung – als auch auf einzelne Sänger. Man brauche, sagt er, ein zweites Paar Ohren. Was Owens als Chorleiter tut, könnten viele von uns auch bei einem Meeting praktizieren: die Stimmung erlauschen, Gelungenes positiv verstärken, den Ton anheben, bevor er verflacht, und an Tempo und Rhythmus feilen. Er ist voll und ganz der Meinung, dass das, was eine Gruppe einzigartig macht, ihre Fähigkeit ist, zuzuhören und entsprechend zu reagieren.

Je höher man in der Unternehmenshierarchie aufsteigt, desto wichtiger wird das Zuhören. Sobald eine Führungsperson das Wort ergreift, beginnen die übrigen Anwesenden, statt einander zuzuhören, sich zu positionieren. Sagt der Chef aber nichts, müssen die Leute, wie in einem großen Chor, einander zuhören und aufeinander eingehen; erst dann wird ihre Arbeit unverwechselbar.

Scott Cook, Mitbegründer der Firma Intuit, versucht Überraschungen herauszuhören: Kommentare oder Daten, die seinen Annahmen widersprechen oder sie in Frage stellen. Sheryl Connelly, Leiterin der Abteilung für weltweite Konsumententrends bei Ford, schreibt alles auf, was ihr in einem Meeting gegen den Strich geht oder sie überrascht. Sie macht sich sehr sorgfältige Notizen und geht sie immer wieder durch. Auf diese Weise fallen ihr Details ins Auge, die ihr in der Hitze des Gefechts entgangen sind. Ich selbst versuche herauszuhören, was *nicht* gesagt wird, und interessiere mich brennend für die Emotionen der Gruppe und inwieweit jemand darauf reagiert. Ich kritzle eine Menge herum; es hilft mir dabei, den Mund zu halten, und angeblich soll es ja auch helfen, das Gehörte zu behalten. Einige Gruppen, mit denen ich gearbeitet habe, bestimmen abwechselnd einen

Zuhörer – nicht direkt einen Schlichter, aber jemanden, dessen Rolle darin besteht, die unterschwelligen Botschaften herauszuhören. Niemand, der je diese Rolle übernommen hat, glaubt hinterher, es sei einfach gewesen. Einige stellen die Diskussion sogar graphisch dar, mit einer Spalte für das Gesagte – und einer zweiten für dessen Bedeutung. Es ist eine einfache Möglichkeit, Widersprüche, Ängste oder unausgesprochene Wahrheiten ans Licht zu holen.

Hören Sie zu. Lassen Sie den Menschen Zeit zum Nachdenken. Gehen Sie wirklich auf das ein, was gesagt wurde – anstatt mit dem Argument zu antworten, das Sie vorbereitet haben. Und fallen Sie niemandem ins Wort. Dieses letzte einfache Prinzip fällt vielen Menschen schwer, ändert das Tempo jedoch gewaltig. Wir unterbrechen jemanden, wenn wir zu wissen meinen, worauf er mit seinem Argument hinauswill – doch unsere Unterbrechung blockiert neue Ideen oder Gedanken. Wenn die Teilnehmer wissen, dass sie nicht unterbrochen werden, verändert sich außerdem die Stimmung während einer Besprechung. Die Dringlichkeit, der Kampf um Sprechzeit verschwindet. Die Gewissheit, gehört zu werden, schafft Raum für das Nachdenken.

Gerechte Kulturen beruhen auf sozialem Kapital, in dessen gefahrlosem, engagiertem Klima die Menschen lernen, einander zuzuhören, miteinander zu reden und nachzudenken, trotz aller Enttäuschungen, Verwirrungen, Zweifel, Enthüllungen und Entdeckungen, die ein kreativer Konflikt notwendigerweise erzeugt. Doch gerechte Kulturen bauen auch soziales Kapital auf, indem sie es ernst nehmen, indem sie erkennen, dass gerade die Dynamik zwischen den Menschen Organisationen lebendig macht.

3

Denken ist körperlich

Manchmal dürfen meine BWL-Studenten fernsehen. Es ist keine Belohnung. Ich zeige ihnen einen Videoclip mit Finanznachrichten der Sender Bloomberg oder CNBC und fordere sie auf, sich möglichst viel zu merken. Da die aktuellen Aktienkurse über den unteren Bildrand laufen und rechts die Wetteraussichten oder Sportergebnisse eingeblendet werden, bleibt wenig Platz für den unglücklichen Manager, der atemlos die Quartalszahlen erläutert. Sobald der Clip zu Ende ist, frage ich die Studenten, woran sie sich erinnern: ein paar Preise, die Wetteraussichten für Barcelona, der Firmenname, den der Manager nennt: Das ist auch schon alles. Wenn ich sie um eine Kritik an der Firmenstrategie bitte, sind sie verblüfft: Sollten sie sich wirklich alle Informationen merken und dann noch darüber nachdenken? Das ist doch unmöglich!

Ist es auch. Abstraktes Denken – Argumentation, Skepsis, Zweifel – erfordert eine enorme Hirnleistung. Die Ressourcen des Gehirns sind jedoch begrenzt, und mit der Aufmerksamkeit ist es ein Nullsummenspiel: Wenn man sich auf eine Sache konzentriert, bleibt weniger Aufmerksamkeit für alles andere. Höchste Konzentration auf einen Lauftext lässt wenig kognitive Kapazitäten übrig für analytisches Denken. Wir bilden uns vielleicht ein, wir könnten gleichzeitig mehrere Tätigkeiten ausführen, seien begnadete »*Multitasker*«, doch in Wirklichkeit sind unsere Gehirne nicht dafür gebaut.

Gerechte Kulturen erfordern und belohnen ein Höchstmaß an Aufmerksamkeit und Kreativität. Zerstreuung, Erschöpfung und Überarbeitung dagegen sind zwangsläufig kontraproduktiv. Kultur mag sich abstrakt anfühlen, doch für eine gerechte Kultur ist es unabdingbar, die körperlichen Anforderungen der Arbeit zu verstehen und zu respektieren.

Monotasking!

Der Versuch, alles gleichzeitig zu erledigen, macht aus »Multitaskern« schlechte Datenredakteure. Für Menschen, die ständig versuchen, mehrere Dinge gleichzeitig zu tun, ist es schwieriger, irrelevante Informationen auszublenden, und sie brauchen länger, um zwischen Aufgaben hin und her zu wechseln. In anderen Worten: Trotz frenetischer Aktivität vergeuden sie eigentlich nur Zeit. Und weil die konkurrierenden Gedächtnissysteme im Gehirn Informationen unterschiedlich speichern, kann der Multitasker nur schwer auf das Gemerkte zugreifen. Während diese dynamischen Köpfe vermutlich das Gefühl haben, immer bestens informiert zu sein, sind sie den Informationen in Wahrheit hilflos ausgeliefert.

Unsere Art und Weise zu arbeiten erzeugt demnach eine Feedbackschleife: Je mehr Aufmerksamkeit wir auf alles gleichzeitig

richten wollen, desto weniger nehmen wir wahr. Sobald wir uns aber auf eine Sache fokussieren, klappt es deutlich besser mit der Konzentration – und mit dem Erinnern an das, was wir getan haben. Wir fühlen uns weniger erschöpft. Wer sich immer nur auf eine Sache konzentriert – also »Monotasking« betreibt –, ist nicht nur effizienter, sondern auch besser in der Lage, sein erworbenes Wissen zu nutzen. Es geht in diesem Fall nicht nur um die Produktivität. Zerstreute Menschen können nicht nachdenken. Das bedeutet auch, dass sie keine selbständigen Entscheidungen treffen können. Sie geben vielleicht gute Schafe ab, aber niemals gute Anführer.

Ingenieure sprechen von »Anlagenintegrität« und meinen damit, dass Systeme und Gerätschaften gepflegt, gewartet und repariert werden müssen, bevor etwas schiefgeht. In Industrieanlagen ist das der Eckpfeiler für Sicherheit, Effizienz und Nachhaltigkeit. Doch für jene unter uns, die nicht mit Maschinen arbeiten, sondern mit dem Kopf, ist es das Gehirn, dessen Leistungsgrenzen wir im Auge haben müssen, genau wie ein Bauleiter seine Maschinen. Meistens tun wir das nicht – obwohl wir es könnten.

Mehr Arbeitsstunden / geringere Produktivität

1908 zeigte eine der ersten Produktivitätsstudien von Ernst Abbe bei der Firma Zeiss, dass eine *Kürzung* der Arbeitszeit von neun auf acht Stunden am Tag die Produktivität *erhöhte*. Folgestudien in unterschiedlichen Industriezweigen und Ländern im Laufe des 20. Jahrhunderts sind allesamt zu demselben Ergebnis ge-

DIE NEGATIVEN AUSWIRKUNGEN VON ÜBERSTUNDEN

ARBEITSSTUNDEN

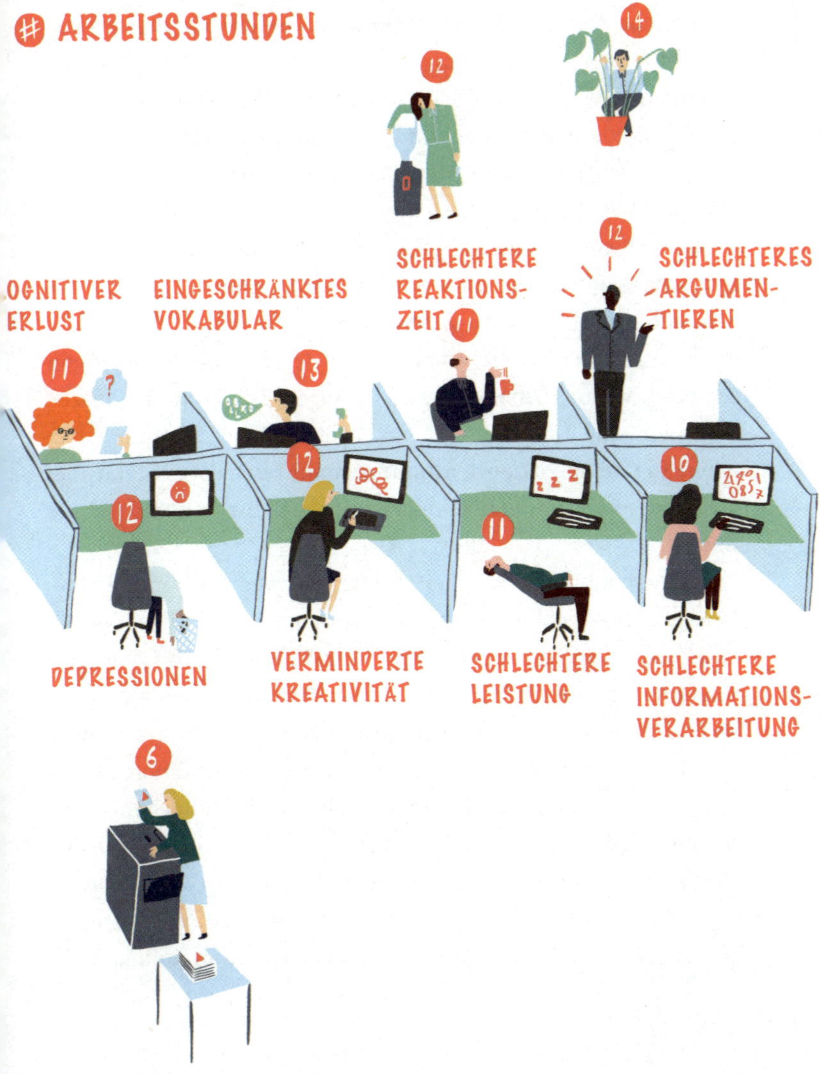

KOGNITIVER VERLUST

EINGESCHRÄNKTES VOKABULAR

SCHLECHTERE REAKTIONSZEIT

SCHLECHTERES ARGUMENTIEREN

DEPRESSIONEN

VERMINDERTE KREATIVITÄT

SCHLECHTERE LEISTUNG

SCHLECHTERE INFORMATIONSVERARBEITUNG

langt: Produktivität ist nicht linear. Wir können 40 Stunden in der Woche gut arbeiten, aber nicht mehr. Nach 40 Stunden werden wir müde und machen Fehler – und brauchen deshalb zusätzliche Zeit, um den Schlamassel zu beseitigen, den wir verursacht haben.

Industriezweige wie die Luftfahrt und das Transportwesen richten ihr Augenmerk schon lange auf die Erschöpfung ihrer Mitarbeiter, denn wenn Menschen, die Flugzeuge, Züge und Lastwagen lenken, Unfälle bauen und andere Menschen töten, ist das schwer zu übersehen. Industriezweige dagegen, in denen Katastrophen nicht so sichtbar und unmittelbar sind, haben sich als widerspenstig erwiesen: Es gilt als Heldentat, die Nacht durchzuarbeiten; Überstunden werden als Engagement gedeutet. Wenn Firmen scheitern oder große Geschäfte platzen (Fusionen und Übernahmen haben eine Misserfolgsquote zwischen 40 und 80 Prozent), nimmt niemand sich die Zeit, darüber nachzudenken, ob vielleicht erschöpfte Gehirne daran schuld sind.

Dass wir nicht mehr arbeiten können, wenn wir müde sind, ist nicht das Problem – wir können schon. Aber Erschöpfung und Zerstreuung erzeugen einen Tunnelblick, den das Chemical Safety Board folgendermaßen erklärt: »Wer sich erschöpft fühlt, ist normalerweise unflexibler im Denken, hat größere Schwierigkeiten im Hinblick auf sich verändernde oder abnorme Umstände und braucht länger, um korrekte Schlussfolgerungen zu ziehen.« Sind wir müde und überfordert, wollen wir, dass die Probleme einfach verschwinden – wie, ist uns egal –, weil wir nicht mehr fähig sind, sie zu analysieren oder zu lösen. Wie hoch stehen die Chancen bei einem fortgeschrittenen Tunnelblick, einen

Fehler zu entdecken, eine Lösung zu finden oder mit einer guten Idee aufzuwarten? Gleich null. Denn wir versuchen schlicht, den Tag hinter uns zu bringen.

2012 wertete die finnische Forscherin Marianna Virtanen eine Studie aus, die über einen Zeitraum von 40 Jahren die Auswirkungen von Überstunden auf Beamte untersuchte. Ihre Ergebnisse waren erschreckend: Ein Arbeitspensum von elf oder mehr Stunden täglich hatte das Risiko, eine Depression zu entwickeln, mindestens verdoppelt. Personen, die 55 Stunden in der Woche oder mehr arbeiteten, litten bereits ab der Lebensmitte an Kognitionsverlust. Sie erbrachten schlechtere Leistungen, als man ihren Wortschatz prüfte, ihre Argumentationsweise, ihre Informationsverarbeitung, ihre Problemlösungsfähigkeit, ihre Kreativität und ihre Reaktionszeit. Solche milden kognitiven Beeinträchtigungen deuteten auch auf ein früheres Eintreten von Demenz und Tod hin.

Das chronische Erschöpfungssyndrom ist ein betriebsbedingtes Risiko und spielt bei nahezu jedem Arbeitsunfall eine Rolle. Schlafmangel verschärft das Problem. Das Gehirn benötigt sieben bis acht Stunden Schlaf pro Nacht. Bekommt es die nicht, entspricht der Verlust an kognitiven Fähigkeiten ungefähr dem von zu viel Alkohol. Jene Hirnareale, die Informationen verarbeiten (vor allem Scheitel- und Hinterhauptslappen), werden weniger aktiv, während der Bereich, der dafür verantwortlich ist, uns wach zu halten – der Thalamus – hyperaktiv wird. Dies ergibt im evolutionären Zusammenhang durchaus einen Sinn (wenn zum Überleben Nahrung erforderlich ist, hat der Wachzustand Vorrang vor einer kreativen Menüzusammenstellung), ist aber katastrophal für das kritische Denken. Überdies erreicht nach

24 Stunden Schlafentzug weniger Glukose das Gehirn, und auch dieser Verlust wird nicht gleichmäßig verteilt: Die für unser Denken zuständigen Areale leiden am meisten darunter. Wir fühlen uns vielleicht als Helden, wenn wir die Nacht durchgearbeitet haben, aber die Maschine, die wir unsere Aufgabe erledigen lassen, ist schwer in Mitleidenschaft gezogen – zuweilen in gefährlichem Maße.

Wache Köpfe

Das Gehirn, mit dem wir zu Bett gehen, ist nicht das Gehirn, mit dem wir aufwachen. Während Erschöpfung und Schlafmangel unsere Denkfähigkeit schmälern, berauben sie uns nachweislich auch der Vorteile, die der Schlaf uns bringt. Mein Schwiegervater, ein Wissenschaftler, vermochte bekanntermaßen Gleichungen im Schlaf zu lösen; ich selbst habe auf diese Weise einmal einen recht einfachen Code geknackt. Mendelejew, der Vater des Periodensystems, behauptete, das ihm zugrundeliegende Prinzip in einem Traum erkannt zu haben. Auch Larry Page erzählt, die Idee zu Google sei ihm in einem lebhaften Traum gekommen; Jeff Taylor behauptet dasselbe über die Gründung von Monster. com.

Diese Beispiele sind keine Zufallstreffer. Wenn wir schlafen, ist unser Verstand fleißig dabei, die jüngsten Erinnerungen und Erfahrungen zu konsolidieren, zu organisieren und zu überprüfen – und dies erzeugt Einsichten. Bei Experimenten, in denen Probanden Informationen organisieren müssen, die ihnen scheinbar wahllos, in Wirklichkeit aber nach einer komplizier-

ten Regel präsentiert werden, war für jene, die nachts gut schliefen, die Wahrscheinlichkeit, dass sie dieses Muster herausbeka-
men, *doppelt* so groß wie für jene, die nicht gut schliefen. Der
Schlaf, schlossen die Forscher daraus, erzeugte Einsichten. Dank
der Neuordnung von Informationen, die im Schlaf stattfindet,
vermochten die Probanden etwas zu sehen, was ihnen andern-
falls entgangen wäre.

Das Verblüffende nach über hundert Jahren Forschung ist die
Tatsache, dass zu lange Arbeitszeiten besonders jene Talente
beeinträchtigen, die heutzutage am meisten in der Wirtschaft
gefragt sind: Denkvermögen, Verständnis, Problemlösung, ein
scharfer analytischer Verstand, Vorstellungsvermögen. Ablen-
kung und Erschöpfung schaden unserer Fähigkeit, eigene Entscheidungen zu überprüfen, zu reflektieren und neu zu denken.
Ohne die Fähigkeit, etwas in Frage zu stellen, werden wir niemals das Selbstvertrauen gewinnen, das wir brauchen, um unangenehme Fragen zu äußern und die Werte zu artikulieren, die
uns ausmachen. Es ist der ausgeruhte und dadurch fokussierte
Verstand, der sich als produktiv und widerstandsfähig erweist.
Die Zeit arbeitet für uns, wenn wir wissen, wie wir sie verbringen.

Gemeinsame Stillarbeit

Als die Harvard-Professorin Leslie Perlow die Verwendung der
Zeit in einem Software-Unternehmen erforschte, bat sie die Ingenieure, sich zu notieren, wie sie ihre Zeit verbrachten. Die Ergebnisse klingen traurig vertraut: Ein früher Start in den Tag, voller

guter Absichten, denen Unterbrechungen und Besprechungen auflauern; »die eigentliche Arbeit« werde erst am späten Nachmittag auf den Weg gebracht. Von den zwölf Stunden, die einer der Ingenieure im Büro verbrachte, bezeichnete er nur fünfeinhalb als produktiv – und diese hatten am Ende des Tages stattgefunden, als sein Gehirn bereits müde war.

Perlow räumte klugerweise ein, dass nicht alle Unterbrechungen unproduktiv waren. Menschen baten um Hilfe und erhielten sie. Der Ingenieur wurde über wesentliche Veränderungen informiert und machte auch Pause, um seine Mannschaft für Fantasy Football aufzustellen. Ideale Arbeitstage würden so etwas nicht ausschließen; das soziale und intellektuelle Kapital, das dabei aufgebaut wird, ist wertvoll. Das Problem waren die Unterbrechungen.

Die Protokolle offenbarten zwei Arten von Arbeit, beschrieben als »tatsächliche Ingenieurtätigkeit« und »alles andere«. Man braucht kein Ingenieur zu sein, um den Unterschied zu erkennen; unsere Arbeitstage könnten allesamt unterteilt werden in tatsächliche Arbeit, die Konzentration und Ruhe erfordert, und das soziale Miteinander – man nimmt an Besprechungen teil, erhält oder leistet Hilfe, scherzt oder plaudert miteinander. Um wirklich produktiv zu sein, brauchen wir beides. Was uns allerdings in den Wahnsinn treibt, ist die Tatsache, dass wir keinen Einfluss darauf haben, was wann – oder wo – geschieht.

Perlow entwarf ein geniales Experiment. Was würde passieren, wenn der Zeitplan der Ingenieure die beiden unterschiedlichen Arbeitstypen spiegeln und verschiedenen Tageszeiten zuteilen würde? Es gäbe feste »Stillarbeitszeiten«, in denen die Ingenieure ungestört arbeiten könnten, in der Sicherheit, dass niemand sie unterbrechen würde – weil auch alle anderen still arbeiten würden. Die übrige Zeit des Tages wäre dann frei für »alles andere«.

Die »Stillarbeit« wurde auf drei Tage in der Woche festgelegt, jeweils vom Morgen bis zum Mittag. Die Ingenieure waren begeistert; einige berichteten, ihre Produktivität sei um bis zu 65 Prozent gestiegen. Eine winzig kleine Veränderung – die Umstrukturierung der Zeit – hatte eine dramatische Wirkung gezeigt. Erst zum zweiten Mal in der Firmengeschichte wurde ein Produkt rechtzeitig ausgeliefert.

Zu Beginn des Experiments war das neue System eine Herausforderung. Die Ingenieure mussten lernen, sich auf die Stillarbeitszeit vorzubereiten – sie mussten vorausplanen, um sicherzustellen, dass sie alle nötigen Informationen beisammenhatten. Sobald sie eingesehen hatten, wie störend Unterbrechungen sein konnten, lernten sie, achtsamer zu sein. »Die Stillarbeit-Studie hat mir gezeigt, welche Wirkung ich auf andere habe«, bemerkte ein Ingenieur. »Ich habe erkannt, dass es nicht nur um meine eigene Ungestörtheit geht, sondern auch um die der anderen. Ich achte jetzt viel mehr auch auf deren Bedürfnisse.« Und ein Kollege schrieb: »Die Menschen respektieren neuerdings die Arbeitszeit der anderen. Sie haben jetzt nicht mehr nur sich selbst, sondern das gesamte Team im Fokus. Unterbrechungen gibt es zwar noch immer, aber die Menschen denken erst darüber nach, was sie tun, ehe sie stören. Sie sind aufmerksamer geworden.«

Dies bedeutete nicht, dass nun weniger Hilfe in Anspruch genommen oder gewährt wurde – im Gegenteil, die Menschen wurden hilfsbereiter, da sie ja sicher sein konnten, dass die »wirkliche Arbeit« bereits getan war oder sie genügend Zeit haben würden, sie zu erledigen. Die Gewissheit, dass es geschützte

Stillarbeitszeiten gab, schenkte allen Betroffenen die Freiheit, mit ihrer übrigen Zeit großzügiger umzugehen.

Die Menschen sehnen sich nach der Zeit, die sie benötigen, um sich auf ihre vorrangigen Pflichten zu konzentrieren, und sie können lernen, ihre Zeit gut zu nutzen. Prioritäten setzen zu dürfen – selbst zu bestimmen, womit unser Gehirn sich befasst –, kann die Produktivität um über 50 Prozent steigern. Wer signifikante Zeitblöcke für konzentrierte Arbeit freischaufeln kann, schafft in kürzerer Zeit ein größeres Pensum und fühlt sich dabei weniger gestresst.

Überdies ergeben sich aus der synchron geschalteten Zeit, in der ungestört gearbeitet wird, gewaltige Vorteile. Die Ingenieure fühlten sich sehr viel autonomer: Sie hatten die Kontrolle über ihre Zeit, und ihre Manager respektierten das. Das neue System reduzierte das Multitasking und ermöglichte konzentriertes Arbeiten, ohne soziale und kognitive Kosten zu verursachen. Indem man die Menschen lehrte, die Bedürfnisse anderer zu respektieren, wurde soziales Kapital aufgebaut.

Wenn ich mit Firmen über die Einführung solcher Stillarbeitszeiten spreche, sind viele Manager angesichts der Vorstellung entsetzt, auf ihr Recht zu unterbrechen verzichten zu müssen; ihre Untergebenen zeigen sich dagegen typischerweise begeistert. Doch die Aussicht, rechtzeitig liefern zu können, ohne Erschöpfung, hat viele dazu ermutigt, mit der Idee zu experimentieren. Der Consultant Tony Schwartz überredete einmal ein Wirtschaftsprüfungsunternehmen, nur eine Gruppe anders arbeiten zu lassen, wobei sich 90-Minuten-Phasen ungestörter Konzentration mit kurzen Pausen abwechseln sollten. Die Mitglieder dieser Gruppe bewältigten in kürzerer Zeit ein größeres

Arbeitspensum als ihre Kollegen, konnten früher nach Hause gehen und empfanden während der Steuersaison weniger Stress.

Andere Organisationen haben eine Variante eingeführt: Bei Ocean Spray gibt es Zeiten im Tagesverlauf und während der Woche, in denen kein Meeting stattfinden kann; diese einfache Regel verschafft den Mitarbeitern einen gewissen Freiraum, wie sie sich die Arbeit oder externe Verpflichtungen einteilen. Die Firma Pohly Company entwarf große, hübsche Schilder mit der Aufschrift »Bitte nicht stören« für Arbeitsnischen und Stühle: ein einfacher, individueller Weg, um ungestört und konzentriert zu arbeiten. Andere mir bekannte Firmen haben Ruhezonen eingeführt – Orte ohne Telefone, in denen niemand stören darf. »Ich arbeite dort nicht immer«, verrät mir ein regelmäßiger Nutzer. »Manchmal hänge ich einfach nur meinen Gedanken nach. Oder atme. Oder versuche zu planen, was ich als Nächstes tue.« Auch das würde ich Arbeit nennen.

Bedingungen zu schaffen, in denen die beste Arbeit am einfachsten erreicht wird, ist Aufgabe des Chefs eines Unternehmens, wie groß es auch sei. Doch auch wer nicht in einer Firma arbeitet, in der große Veränderungen wie Zeiten für Stillarbeit machbar sind, kann sich überlegen, wie er seine Zeit strukturiert. Als ich als Fernsehproduzentin arbeitete, traf ich eine Verabredung mit mir selbst; jeden Donnerstag von 11.00 bis 12.30 Uhr. Ich verließ mein Büro und ging irgendwohin, wo ich ungestört war. Es war meine Nachdenkzeit: oft die produktivste Phase der ganzen Woche.

Während ich mir die Zeit nahm, »nichts« zu tun, hatten meine Gedanken Zeit zu schweifen. Dabei kamen mir zwangsläufig wichtige Informationen in den Sinn, die ich übersehen hatte.

Oder ich fand plötzlich eine simple Lösung für ein Problem, das mich beschäftigt hatte. Weil ich sehr viel reise, habe ich es mir zur Regel gemacht, eine gewisse Zeit lang nur aus dem Fenster zu sehen. Ich kann mir nicht immer so viel Auszeit nehmen, wie ich möchte, aber ich kann die Zwischenzeiten nutzen, um abzuschalten, während ich von einem Ort zum anderen reise. Der Blick auf den Horizont tut meinen Augen und meinem Verstand gut. Keine Musik, keine Bildschirme, keine Podcasts, kein Radio. In dieser erzwungenen Mußezeit, ob im Flugzeug, Zug oder Auto, kann ich ernsthaft nachdenken. So wird mir das ermüdende Reisen zum Rückzugsort.

Wanderlust

Vielleicht ist es das Nachdenken, das uns Menschen deutlich vom Tier unterscheidet. Jedenfalls liegt es jeder schöpferischen, innovativen und produktiven Tätigkeit zugrunde, auf die ein Unternehmen angewiesen ist. Doch das bedeutet nicht, dass die Menschen bereitwillig denken oder es als angenehm empfinden. In einer aktuellen Studie geben 83 Prozent der erwachsenen Amerikaner an, dass sie überhaupt keine Zeit mit »Entspannen oder Nachdenken« verbringen; wenn man sie dazu auffordert, haben sie außerdem keine Freude daran.

Und dennoch: Die Gedanken schweifen zu lassen kann sich als ein effektiver Weg erweisen, Probleme zu lösen oder neue Einsichten zu gewinnen. Eine allzu intensive Konzentration auf unsere Arbeit macht uns festgefahren und unflexibel. Wir werden unempfänglich für neue Muster, Menschen oder Ideen. Wenden wir den Blick von der Arbeit ab, haben wir Zugang zu anderen Hirnregionen, die uns helfen, jene Informationen oder Muster zu finden, die wir zum Verständnis oder zur Problemlösung benötigen. Um wirklich produktiv zu sein, sollte man sich daher einerseits Zeit nehmen für ungestörtes, konzentriertes Arbeiten, aber zwischendurch auch die Gedanken schweifen lassen.

Viele Menschen können bestätigen, dass ihnen der zündende Gedanke oft unter der Dusche kommt, auf dem Nachhauseweg oder wenn sie das Abendessen kochen. Mechanische (oder zumindest anspruchslose) Tätigkeiten befreien den Geist, und er kann unbewusst das tun, was ihm das Bewusstsein verwehrt hat. Und das ist nicht nur anekdotische Evidenz; kontrollierte Experimente zeigen ebenfalls, dass es unserer Kreativität zuträglich ist, wenn wir uns eine Pause gönnen und etwas Einfaches tun. Eine der einfachsten, günstigsten und effektivsten Aktivitäten ist das Spazierengehen.

Ob im Freien oder auf dem Laufband, das Gehen verbessert erwiesenermaßen die Genese neuer, brauchbarer Ideen. Während körperliche Betätigung generell das Denken fördert, steigert besonders das Gehen den kreativen Ausstoß um etwa 60 Prozent. Das Gehen im Freien scheint allerdings die meisten neuen Ideen hervorzubringen und zudem die zuvor erschöpften kognitiven Kapazitäten wiederherzustellen. Vor dem Brainstorming, wenn man mit einem Problem feststeckt, oder einfach, weil man eine Pause oder etwas Bewegung braucht, kann sich ein halbstündiger Spaziergang als weitaus produktiver erweisen als lange Überstunden.

Um die Gedanken schweifen zu lassen, braucht man Zeit für sich. Einmal sagte mir der Vorstand einer großen internationalen Bank, er habe in den vergangenen fünf Jahren nur einen einzigen Tag allein verbracht; die Auswirkungen der Finanzkrise seien verheerend gewesen. Doch wie soll man wissen, was man denkt, wenn man keine Zeit hat, einmal ungestört nachzudenken? Wie soll man ohne den Rückzug in die Stille über bereits vorhandenes Wissen und abgestandene Thesen hinauskommen? Um in der Lage zu sein, seine Ideen und Gedanken mitzuteilen, braucht man zuerst Zeit, sie zu erforschen. Erste Gedanken sind selten die besten; man braucht Zeit, um über sie hinauszugehen. Zeit mit sich allein muss nicht unbedingt Innenschau bedeuten – es gibt lohnendere Themen als sich selbst –, sondern den nötigen Freiraum, um die eigenen Zweifel zu erkunden, die eigenen Thesen zu hinterfragen und schwache Signale wahrzunehmen. Wenn man Zwiesprache hält mit sich selbst, sollte man zuhören.

Nach der heißen Phase ist Entspannung angesagt

Ich will nicht leugnen, dass es nicht auch Zeiten gibt, in denen wichtige Stichtage oder Gelegenheiten einen *crunch mode*, eine »heiße Phase«, erfordern. Der Begriff kommt aus der Software-Industrie, wo er üblicherweise verwendet wird, um ein Produkt über die Ziellinie zu pushen. Alles macht Überstunden, und der Kameradschaftsgeist ist groß, wenn man gemeinsam im Schützengraben liegt.

Die heiße Phase kann großartig sein – solange sie nicht ewig dauert. 2004 begannen Software-Teams, die für den Computerspiel-Riesen Electronic Arts arbeiteten, mit Achtstundentagen, sechs Tage die Woche. Doch daraus wurden schnell zwölf Stunden sechs Tage die Woche, dann elf Stunden sieben Tage die Woche. Die heiße Phase wurde zum Standard. Schockiert musste Bloggerin Erin Hoffman mitansehen, was mit ihrem Verlobten geschah, der dort arbeitete; ihr öffentlicher Aufschrei resultierte schließlich in einem beispielhaften Prozess gegen das Unternehmen. »Nach einer gewissen Anzahl von Arbeitsstunden verschwimmen einem die Buchstaben vor den Augen; nach einer gewissen Anzahl von Wochen mit nur einem freien Tag nimmt die Erschöpfung exponentiell zu. Unsere körperliche, emotionale und geistige Gesundheit nimmt großen Schaden. Das Team macht allmählich genauso viele Fehler, wie es beseitigt. Die Fehlerrate steigt während der heißen Phase sprunghaft an.«

Seit der Prozess 2006 beigelegt wurde, hat Electronic Arts seine Arbeitszeiten verbessert – andere Firmen sind sogar noch weiter gegangen. Das führende Datenanalyse-Unternehmen SAS Institute lässt seine Angestellten nicht länger als 35 Stunden in der Woche arbeiten. Dafür gibt es einen einfachen Grund: Die Arbeit dort erfordert einen klaren Kopf und intensive Konzentration, und 35 bis 40 Stunden sind die menschliche Obergrenze. In dieser harten, wettbewerbsintensiven Branche hat eine Einschränkung der Arbeitszeiten den Erfolg der Firma nicht etwa beschnitten, sondern nachhaltig gemacht.

Power-Arbeit kann zur Sucht werden. Doch wie bei jeder anderen Sucht gibt es auch hier ein Gegenmittel. Einige Manager, die ich kenne, unterbrechen ihr Arbeitsjahr für die Dauer eines Monats, manchmal mehr, und machen Ferien. Andere, die diese Freiheit nicht haben, werden disziplinierter, was ihre Auszeiten anbelangt, indem sie absichtlich Verpflichtungen eingehen, die

»EIN HALB-
STÜNDIGER SPA-
ZIERGANG KANN
SICH ALS
WEITAUS PRODUK-
TIVER ERWEISEN...

...ALS VIELE
ÜBERSTUNDEN«

sie nur schwer oder für sehr viel Geld absagen können. Daimler ermutigt seine Angestellten, sämtliche E-Mails zu löschen, die sie während des Urlaubs erhalten, und entsprechende Standard-Mails zu hinterlassen. Volkswagen unterbindet den E-Mail-Verkehr außerhalb der Bürozeiten, während die *Huffington Post* ihre Angestellten dazu anhält, außerhalb ihrer Arbeitszeit keine E-Mails abzurufen. Doch alle, die ich frage, von der Vorstandsebene bis hinunter zum Empfang, sprechen davon, wie sie die Wochenenden für die Erholung nutzen. Die Lösung des Publizisten Evgeny Morozov ist vielleicht die extremste von allen: Er sperrt Laptop und Handy in einen Safe mit einem Zeitkombinationsschloss, so dass er bis zum Montagmorgen keinen Internetzugang hat, auch wenn es ihn noch so sehr in den Fingern juckt. Seine Gedanken haben Zeit, in die Ferne zu schweifen.

Ich selbst habe es mir zur Regel gemacht, im Sommer ausschließlich Fiktives zu lesen. Das ganze Jahr über fehlt mir für Romane und Kurzgeschichten die Zeit, und so besteht mein Lesestoff hauptsächlich aus Fachliteratur. Indem ich mich überwinde, Bücher zu lesen, die eine andere Denkart und Geschwindigkeit erfordern, wechsle ich gewissermaßen den Gang. Ich tue das, weil es mir Freude macht, aber jüngste Studien lassen vermuten, dass es auch andere Vorteile bringt. Die Lektüre fiktiver Texte – ob Werke der Hochliteratur oder auch nur Bestseller – verbessert erwiesenermaßen unsere Fähigkeit, unterschiedliche Bewusstseinsvorgänge in anderen Personen zu erahnen, in der Psychologie als *Theory of Mind* oder *native Theorie* bezeichnet. In einem Experiment legte man den Probanden denselben Test vor, den Tom Malone in seiner Studie zum Thema Teamarbeit und Empathie verwendet hatte; wer zuvor nur drei fiktive Texte gelesen hatte, schnitt besser ab – und auch die literarische Qualität war ausschlaggebend.

Während unseres gesamten Arbeitslebens – 100 000 Stunden – ist die Zeit unser wertvollstes Gut. Ist sie einmal ausgegeben, können wir sie nicht mehr zurückholen, und wir können sie auch niemals vermehren. Also ist es eine essentielle Entscheidung, wie wir sie ausgeben. Was die Zeit anbelangt, so sind die meisten Organisationen sehr gut darin, ihre Quantität zu messen, doch von der Qualität ist nicht die Rede. Wir brauchen Zeit, in der wir ruhig und konzentriert arbeiten; wir brauchen aber auch Zeit, in der wir unsere Gedanken schweifen lassen und die Erkenntnisse und Inspirationen finden, wie sie kein noch so großes Maß an Konzentration jemals hervorbringen würde. Die synchron geschaltete Zeit für ein Team, ein Projekt oder ein ganzes Unternehmen kann den Gemeinschaftssinn stärken. Doch den womöglich größten Beitrag leisten wir, indem wir einmal Abstand nehmen von der Arbeit.

4

Schranken niederreißen

Tod Bedilion ist ein neugieriger Mensch. Der Senior Director bei Roche Diagnostics in Kalifornien hat sein Arbeitsleben in der Biotech-Branche verbracht, zunächst bei Startup-Unternehmen und heute in einer der weltweit führenden Pharmafirmen. Ein typischer Wissenschaftler der Privatwirtschaft, könnte man meinen. Doch da läge man falsch.

»Ich war schon immer neugierig – auf alles. Auf das, was wir tun, wie wir es tun und warum wir es tun. Das ist auch der Grund, warum mich die Art und Weise, wie wir Forschung und Entwicklung betreiben, zunehmend frustriert. Doch damit bin ich nicht allein; wir haben etwa 250 leitende Angestellte im Bereich Forschung und Entwicklung befragt, und sie teilten meinen Frust. Die beiden größten Hindernisse für Innovationen waren die starre Hierarchie und die vielen ungenutzten Fähigkeiten, die wir in dieser Firma haben.«

Und es sind nicht nur die Forschungsteams, die darunter leiden. Jedes Unternehmen, mit dem ich gearbeitet habe, klagt über starres Denken, den Mangel an Kreativität und Vitalität am Arbeitsplatz und die Unfähigkeit, das »Silodenken« zu überwinden. Gerechte Kulturen verlangen mehr Teilnahme von jedem einzelnen ihrer Individuen. Doch dazu muss die interne Kultur, so kohärent sie auch sei, offen und der Außenwelt gegenüber empfänglich bleiben. Es gibt also ein Paradox: Damit die Kultur im Inneren lebendig bleibt, muss sie die Außenwelt hereinlassen.

Neugier zertrümmert Silos

Bedilion und seine Kollegen überlegten sich ein Experiment. Zunächst dachten sie sich sechs Aufgaben aus – aktuelle Probleme, vom Maschinenbauwesen bis zur Biochemie – und schickten sie an sämtliche 2400 Mitglieder der Abteilung Forschung und Entwicklung bei Roche. Die Reaktion enttäuschte Tod: Nur 419 Angestellte sahen sich die Aufgaben an, und nur 40 übermittelten Vorschläge, von denen einige nur wenige Zeilen lang waren. Einer aber war ein voller Erfolg: eine Möglichkeit, um die Lebensdauer einer Batterie in Blutzuckermessgeräten zu messen. Das Ganze hatte allerdings einen Haken: Die Aufgabe war von der Abteilung Diabetes Care am Standort Mannheim erstellt worden, und der Ingenieur, der sie gelöst hatte, arbeitete ebenfalls in dieser Abteilung – allerdings am Standort Indianapolis. Und er hatte zum ersten Mal von diesem Problem gehört. Dies zeige nur einmal mehr, so Bedilion, wie Intelligenz in Unternehmensstrukturen eingesperrt und versteckt werde.

Im Gegensatz dazu wurde eine der schwierigsten Aufgaben, die Roche über 20 Jahre lang nicht hatte lösen können, 160 000 »Problemlösern« auf einer offenen Innovationsplattform im Internet namens Innocentive zugänglich gemacht. Diesmal verblüffte Bedilion das Ergebnis: 113 Vorschläge, vollgepackt mit

Details, Daten, Diagrammen, Experimenten und Energie. Nach nur 60 Tagen, für ein Preisgeld von gerade einmal 25 000 Dollar, war die Nuss geknackt.

Zwei schwierige Probleme waren gelöst worden. Doch einige Forscher bei Roche standen dem Experiment und seinen Ergebnissen kritisch gegenüber. Bedilion war ein leidenschaftlicher Verfechter neuer Denkanstöße, aber viele Kollegen taten sich schwer mit der Vorstellung, jemand von *außerhalb* könne irgendetwas zu bieten haben. »Sie waren ganz schön aufgebracht«, erinnert sich Bedilion. »Sie sträubten sich gegen die Vorstellung, dass *andere Leute* ihre Probleme lösen.«

Die Erfahrung zeigte ihm, wie leicht Talent eingeschränkt wird: schwer zu finden, isoliert, von der Außenwelt und den Kollegen abgeschnitten. Organisationsstrukturen wirken trennend, und wir verinnerlichen Grenzen: Demarkationslinien zwischen verschiedenen Abteilungen, geographische Grenzen, innerbetriebliche Hackordnungen und fachliches Können. Selbst Fachwissen kann Innovationen behindern, weil es Personen typisiert und einschränkt, worüber sie nachdenken – oder sich trauen nachzudenken. Im Geiste steckt jeder auf seinem Schachbrettfeld fest.

»Das System von Innocentive ist toll«, erklärte Bedilion. »Doch letztlich geht es dabei nicht um Technologie. Oder um Geographie. Es geht um die Gesinnung. Sind Sie mental innerhalb der Grenzen Ihres Jobs verwurzelt – oder zwingt Sie die Neugier, diese Grenzen zu sprengen? Bewahren Sie sich diesen neugierigen Kern – bleiben Sie offen, muntern Sie Menschen auf. Gehen Sie herum. Sprechen Sie mit den Leuten. Halten Sie die andere Wange hin. Bauen Sie Netzwerke auf. Füttern Sie dieses Netzwerk. Kapseln Sie sich nicht ab.«

Es ist augenfällig, dass viele erfolgreiche Problemlöser bei Innocentive außerhalb ihres Spezialgebiets arbeiten. Die Suche nach einem Biomarker für ALS (Amyotrophe Lateralsklerose) wurde von einem auf Pflanzen spezialisierten Biologen und einem Dermatologen unterstützt. Das Institut zur Ölschadensbekämpfung OSRI *(Oil Spill Recovery Institute)* erhielt bei der Suche nach besseren Methoden, die 1989 durch den Öltanker Exxon Valdez verursachte Ölpest zu tilgen, einen entscheidenden Lösungsvorschlag von einem Zementingenieur. Problemlöser sind neugierig und verfügen über die geistige Freiheit, sich an Themen ihrer Wahl heranzuwagen.

Das Roche-Experiment war kein Wettbewerb zwischen der Forschungsabteilung der Firma und der offenen Plattform Innocentive; beide lösten hochkomplexe Probleme. Doch diese Erfahrung macht deutlich, worin die eigentliche Schwierigkeit besteht: Wie kann ein Arbeitsumfeld *all* seine Talente erfassen, miteinander in Verbindung bringen und fördern? Wie erkennen Unternehmen den Vorteil, Begabungen an einem einzigen Ort zu konzentrieren? Die der Intuition zuwiderlaufende Antwort lautet: Lasst sie umherstreifen. Nagelt sie nicht fest, weder geistig noch körperlich: Lasst sie frei.

Die Köpfe auslüften: Raus aus den Büros

Um die mentalen Mauern niederzureißen, die das Denken und die Zusammenarbeit beschränken, kamen die meisten Unternehmen auf die Idee, ihre Büromauern niederzureißen. 70 Prozent der US-amerikanischen Firmen nutzen mittlerweile Großraum-

IM GEISTE STECKT JEDER AUF SEINEM FELD FEST

büros und die sogenannte *Hotdesking*-Methode mit wechselnden Schreibtischen in der Hoffnung, dass freiere Strukturen auch zu einem freieren Denken führen mögen. Dieser architektonische Determinismus vermag nicht ganz zu überzeugen – es gibt eine Menge Beweise dafür, dass die Menschen offene Arbeitsbereiche als zu laut, verwirrend und unpersönlich empfinden. Nachdem ich unlängst durch mehrere solcher Großraumbüros gegangen bin, kam ich nicht umhin zu bemerken, wie sehr sich dort alle bemühten, eine Privatsphäre nachzustellen – mit Hilfe von Kopfhörern, Bücherstapeln und provisorischen Trennwänden –, was mich eher an Abschirmung als an Offenheit erinnerte.

Die Architektur allein kann an der Gesinnung nichts ändern, die Denksilos werden durch das Einreißen der Mauern nicht zerstört. Dazu muss man sein Büro verlassen und ins Leben eintauchen.

»Ich habe ein Milliardenunternehmen geleitet, und viele meinen, man finde alles, was man wissen muss, um ein Unternehmen zu verstehen, in den Zahlen. Das ist weit gefehlt, denn die wahre Bedeutung des Geschäfts liegt anderswo.«

Louise Makin war ehrgeizig und erpicht darauf, das größte Geschäft der Firma Baxter International noch weiter auszubauen: Behandlungsmethoden gegen Hämophilie. Doch sie sollte bald erfahren, dass die Zahlen allein ihr nicht zeigen konnten, worauf es ankam.

»Erst als ich mich an die Patientenverbände wandte, ging mir ein Licht auf. Ich traf eine Mutter mit ihrem Sohn, bei dem gerade Hämophilie diagnostiziert worden war. Sie brauchten uns dringend und würden ihr Leben lang auf unsere Produkte angewiesen sein. Würden wir weiterhin alte Produkte liefern? Würden wir neue entwickeln? Waren wir groß und kühn genug, weiterhin in das Geschäft zu investieren? Ich konnte es nun nicht mehr nur als Geschäft sehen; schließlich hatte ich ein konkretes Leben vor Augen. Es hat meine Perspektive verändert.«

Diese Erfahrung, erzählte mir Makin, habe ihre Strategie für die Entwicklung und Platzierung von Medikamenten völlig umgekrempelt. Anstatt über den Handel nachzudenken, kam ihr die Idee, mit Patienten und ihren Angehörigen zusammenzuarbeiten, um die Therapien zu entwickeln, die sie brauchte. Heute ist Makin Geschäftsführerin der Firma BTG, deren Gesundheitspflegeprodukte auf spezielle Leiden wie Leberentzündung, Blutgerinnsel, Krampfadern ausgerichtet sind. Dieses begrenzte Aufgabengebiet ermöglicht engere Beziehungen zu Patienten und Ärzten. BTG sieht Ärzte nicht als unglückliche Zielobjekte, die zum Kauf gezwungen werden müssen; die Vertreter sind nicht die einzigen, die mit Ärzten sprechen. Makin übernimmt einen Ausdruck aus der Seefahrt und argumentiert, bei jeder neuen Aufgabe müsse mindestens eine Person den Ausguck übernehmen: den Horizont absuchen und in ständigem Kontakt zur Umgebung bleiben.

Abweichendes Denken einführen

Im Schweizer Unternehmen Roche Diagnostics stellte Matthias Essenpreis ein, wie er es nannte, »sehr seltsames Team« zusammen, das eine neue Strategie zur Diagnose von Diabetes entwickeln sollte. Alle vorherigen Produkte hatten in Krankenhäusern und Intensivstationen funktioniert, nun aber brauchte die

Firma ein Produkt, das die Patienten selbst bedienen konnten. Dieser Perspektivwechsel inspirierte Essenpreis dazu, die Grenzen zu sprengen und Diabetiker in die Firma zu holen. Doch dann ging er noch weiter und holte Kelly Heaton mit ins Boot, eine bildende Künstlerin.

»Ich brauchte eine radikale Außensicht«, sagte mir Essenpreis, »jemanden, der weder die Firma Roche kannte noch von Diabetes betroffen war, sondern völlig unvoreingenommen und frei denken konnte. Das Team war so begeistert von dem, was diese Frau zu bieten hatte, dass wir ihr einen Vollzeitjob anboten. Sie besaß diese großartige Fähigkeit, jedem die richtigen Fragen zu stellen. Sie hatte eine Vision. Es war eine sehr intensive Zeit, in der niemand den Raum verlassen oder einen Tag abschließen konnte ohne eine mitreißende Diskussion, und so gelang uns ein regelrechter Verständnis-Durchbruch.«

Für Essenpreis erwies sich diese Erfahrung als kreativste Phase seiner beruflichen Laufbahn. Heute, als Technischer Vorstand für Roche Diagnostics, schätzt er noch immer am meisten, wenn er Menschen befreien und miteinander in Kontakt bringen kann.

»Starre Strukturen führen typischerweise zu »Denksilos«. Daher setze ich mich so leidenschaftlich dafür ein, unterschiedliche Menschen über diese unnatürlichen Grenzen hinweg miteinander in Kontakt zu bringen. So bringt man die Silos zum Verschwinden – denn am kreativsten sind die Knotenpunkte, wo sich die Grenzen überschneiden.«

Ein ähnlicher Ansatz wurde, fast durch Zufall, im Unternehmen ARM gefunden, das jetzt die Prozessoren entwirft, die den Großteil der Smartphones und Tablets dieser Welt mit Energie versorgen. Wie konnte dieses Unternehmen, das im englischen

Cambridge einst so klein anfing, zu einem Kraftwerk der Innovation und des Designs werden? Laut Aussage von Tom Cronk, dem Geschäftsführer der Prozessoren-Abteilung, wurde dies möglich, indem man die geistigen und physischen Barrieren zwischen den ARM-Ingenieuren und den Firmen beseitigte, mit denen sie zusammenarbeiten.

»Das Geschäftsmodell entstand aus der Notwendigkeit heraus. Wir waren nur zwölf Leute und hatten die großartige Chance, ein Unternehmen mit 10 000 Angestellten zu beliefern! Dies konnte nur gelingen, indem *wir* Teil *ihres* Teams wurden. Revierverhalten war keine Option! Seitdem arbeiten wir immer so. Sehr wenige Leute bei ARM stehen nicht mit Partnerfirmen in Kontakt; wir haben Schreibtische, nutzen sie aber nicht oft. Die meisten unserer Leute arbeiten in Partnerunternehmen.«

Im Laufe der Zeit entwickeln viele Firmen narzisstische Züge. Die obsessive Beschäftigung eines Unternehmens mit seinen internen Mechanismen zieht Aufmerksamkeit vom Markt und von den Kunden ab. Bei ARM sind die Kontakte zur Außenwelt von so grundlegender Bedeutung für das Unternehmen, dass viele Ingenieure, Architekten und Designer direkt dort arbeiten – und nicht in der Konzernzentrale. Während viele Unternehmen von Sparten sprechen, spricht Cronk von einer durchlässigen Membran zwischen der Firma und der Außenwelt, wie sie auch Makin und Essenpreis erlebt haben. Deren Interaktionen, deren häufige Kollisionen sind es, die Unternehmen kreativ machen.

»Ob wir in die Welt hinausgehen oder sie hereinlassen, weiß ich nicht, jedenfalls gibt es keine richtige Grenze zwischen uns«, stellte Cronk fest. »Darin besteht die Stärke dieses Geschäftsmodells. Unsere Ingenieure hier fühlen, handeln und denken gleich, ob sie nun miteinander oder mit Kollegen auf der anderen Seite der Erde sprechen. Wir brauchen sie nicht zu kontrollieren. Wir haben vollstes Vertrauen zu ihnen.«

Von Neugier getrieben und von einer auffälligen Offenheit gekennzeichnet, möchten diese Unternehmen, dass sich ihre Angestellten außerhalb der Büros und in der Welt ausgesprochen wohl fühlen. Firmen wie iRobot und der britische Sender DAVE stellen in ihren Büros die Wohnungen ihrer Kunden nach – gewissermaßen als Erinnerung an deren Lebenswelten. Andere Firmen lassen ihre Manager abwechselnd in die Rolle des Kunden schlüpfen. Doch nichts geht über das Gefühl, aus dem Büro zu kommen und bei den Leuten zu sein, für die die ganze Arbeit bestimmt ist.

Raus mit euch!

Die Firma Innocentive bedient sich der modernen Technologie, um sich mit Ideen und Energie zu versorgen, so weit ihr Netzwerk reicht. BTG und ARM errichten zum selben Zweck externe kollaborative Netzwerke. Essenpreis führte eine völlig neue Denkweise ein, indem er eine bildende Künstlerin in sein Team holte. All diese Ansätze beseitigen die formellen Arbeitszwänge und versuchen stattdessen, Verständnis, Talent, Sprache und Energie zu erweitern. Im Bemühen, eine dem Menschen innewohnende Empfänglichkeit zu bewahren oder neu zu beleben, spiegelt sich die Erkenntnis, dass die besten Ideen nicht aus den Büros kommen, sondern aus dem Leben.

»Jim, ein alter Freund von mir, ist Glaskünstler. Er fertigt wunderschöne Stücke, die sich für ungefähr zweitausend Dollar verkaufen. Als wir uns trafen, sagte er mir, dass ihm eben ein Geschäft entgangen sei: Eine Kundin habe nur eine Kreditkarte bei sich gehabt und natürlich nicht genügend Bares.«

Der Freund des Glaskünstlers, Jack Dorsey, ist einer der Gründer von Twitter. Doch sein Erfolg hält ihn nicht im Büro; er nimmt sich die Freiheit herumzustromern.

»Die Unterhaltung stimmte mich nachdenklich: Warum konnte Jim die Kreditkartenzahlung nicht bewerkstelligen? Das Problem brachte mich auf den Gedanken, dass all diese Leute auf den Handwerks- und Bauernmärkten vermutlich dasselbe Problem hatten. Also: Wie konnte ich dieses Problem für sie lösen?«

So kam Dorsey auf *Square*: ein kleines Plug-in für Smartphones, das diese zu Kreditkartenlesern macht. 2014 stellten all die Verkäufer, die *Square* nutzten, zusammengenommen den dreizehntgrößten Händler Amerikas dar. Dorseys neue Idee war nicht aus Twitter, aus einer Fokusgruppe oder Marktforschung erwachsen. Sie war aus dem Leben heraus entstanden. Ohne Dorsey, seine Erfahrung mit Bauernmärkten und seinen Technikverstand würde seinem Freund wohl noch immer das eine oder andere Geschäft durch die Lappen gehen.

Um einen schnellen Prototyp seiner Idee zu bauen, wandte Dorsey sich an TechShop, eine der Öffentlichkeit zugängliche Werkstatt, die vollgepackt ist mit Maschinen – Schweißgeräte, Wasserschneider, 3-D-Drucker, Webstühle und Laser. Im Laufe der vergangenen 20 Jahre sind diese Maschinen dank des technischen Fortschritts so preisgünstig und bedienungsfreundlich geworden wie nie zuvor. Doch es sind nicht nur die Geräte, die

TechShop so kreativ machen. Sobald man die Werkhalle betritt, gilt die Devise: Man darf jeden um Hilfe bitten – und muss jedem helfen, der einen fragt. Von Anfang an hatten der Gründer Jim Newton und der Geschäftsführer Mark Hatch sich vorgestellt, dass TechShop zur Spielwiese für Erfinder, Handwerker und Unternehmer werden sollte, eine handfeste Innovationsplattform, wo es zwangsläufig zu Kollisionen kommen würde.

Als TechShop in Detroit eröffnete, spendierte die Ford Motor Company 2000 Mitgliedschaften für Mitarbeiter mit guten Ideen. Jeder Ford-Mitarbeiter konnte sich bewerben, und ihre Ideen mussten sich nicht auf Autos beziehen. Doch der Zugang zu Werkzeugen, Maschinen und Fachwissen aus ganz Detroit – nicht nur von Ford – lockte Angestellte aus allen Bereichen des Unternehmens an. Nach einem Jahr führte die Firma einen 50-prozentigen Anstieg patentwürdiger Ideen seitens ihrer Angestellten auf TechShop zurück.

Legt das Handy beiseite und seht euch um. Seid da, wo ihr seid. Es ist die reale Welt, aus der Ideen und Provokationen kommen und in der sich Muster erkennen lassen. Niemand hatte je an einem Schreibtisch eine zündende Idee. Spazierengehen ist kreativ, vor allem im Freien. Der Durchbruch, der zur Polymerase-Kettenreaktions-Technologie führte und die genetische Revolution auslöste, ging nicht etwa auf eine Konferenz zurück, sondern auf eine Fahrt auf dem Highway. Viele Firmenchefs behaupten, sie hätten ihre Führungsqualitäten beim Trainieren kleiner Mannschaften entwickelt. Großartige Ingenieure erzählen immer wieder, dass sie ihre besten Erfindungen einem Hobby verdanken. Aus unternehmerischer Sicht könnt ihr euch am besten und schnellsten in die aktuelle Stimmung und die Märkte einfühlen, die ihr bedient, indem ihr euch auf das Leben einlasst. Und aus menschlicher Sicht bereichert ihr die Nervenvernetzungen im Gehirn am besten, indem ihr einer facettenreichen, offenen Gemeinschaft angehört.

Die Schulfreunde Eric Ryan und Adam Lowry trafen sich regelmäßig, um Notizen über Trends zu vergleichen, die sie beobachteten in der Hoffnung, gemeinsam ein Unternehmen aufzubauen. Anfang 2000 fiel ihnen auf, dass die Menschen neuerdings mehr Zeit und Geld denn je in ihr Zuhause steckten – es aber mit Produkten putzten, die abscheulich rochen, toxisch waren und noch dazu so hässlich, dass man sie verstecken musste. Wie wäre es, dachten sie sich, wenn Reinigungsprodukte umweltfreundlich wären, wunderbar dufteten und so schön anzusehen wären, dass man sie zur Schau stellen wolle? Diese Positionierung führte zu den Method-Home-Care-Produkten, die niemals entstanden wären, hätten Eric und Adam sich nicht mit wachem Sinn für die Stimmungen und Vorlieben ihrer Mitmenschen umgesehen.

Auch nach dem durchschlagenden Erfolg der Firma legen Ryan und Lowry großen Wert darauf, dass ihr Unternehmen offen bleibt für die Außenwelt und auf sie eingeht. Weil Method keine toxischen Chemikalien verwendet, konnte sich das gesamte Unternehmen (einschließlich der Abteilung Forschung und Entwicklung) mitten im Stadtzentrum von San Francisco ansiedeln und musste nicht nach außerhalb in ein Gewerbegebiet ziehen. Jeder sitzt abwechselnd am Empfang und ist das Gesicht – und die Schnittstelle – der Firma. Eric sitzt direkt neben Meghan, die für die telefonische Kundenbetreuung zuständig ist. Er will wissen, weswegen die Menschen anrufen, was ihnen Sorgen bereitet, welche Fragen und Ideen sie haben. Meghan wiederum nimmt an den Besprechungen der Produktdesigner teil, sowohl um deren Ideen nach außen zu tragen als auch um von außen das Denken der Firma zu beeinflussen.

Etwa hundert Angestellte – *People Against Dirty* – verteilen sich auf eine Reihe glänzend sauberer, weitläufiger Räume voller Schreibtische, Prototypen und Whiteboards an den Wänden. Alle sollen sich in die Gestaltung einbringen. Es gibt Wände voller Whiteboards, auf denen jeder seine Ideen und Erkenntnisse kundtun kann. Doch der Gemeinschaftsgeist, der das Unternehmen prägt, schlägt sich nicht nur in der Architektur nieder. Er entspringt der Einstellung, dass jeder Einzelne zählt und seinen Beitrag leistet.

Die Firmengründer sind sehr darum bemüht, dass jeder sich jedem verbunden fühlt und nicht in Hierarchien gefangen ist, die er nicht durchbrechen kann. Daher kann man in diesen Räumen nicht erkennen, wer der Gründer ist und wer der Praktikant.

Die *People Against Dirty* sprechen völlig ungezwungen und offen über die Fehler, die ihnen unterlaufen sind; sie streiten sie nicht ab. Eric und Adam scheinen sich durchaus bewusst zu sein, dass sie vieles nicht wissen und noch viel zu lernen haben.

Das Software-Unternehmen Autodesk bietet seinen Angestellten die Möglichkeit, ihr Leben mit dem eines anderen zu tauschen – man tauscht den Job und sogar die eigene Wohnung mit einem Kollegen in einer anderen Stadt oder sogar im Ausland. Das Ingenieurbüro Arup ermutigt seine Angestellten, sich an Projekten rund um den Globus zu beteiligen, wodurch sie in den 42 Ländern, in denen das Büro vertreten ist, technisches Fachwissen und soziales Kapital ansammeln. Die meisten Unternehmen bestehen früher oder später darauf, dass ihre Manager die Clubs, Kneipen, Läden oder Kaufhäuser aufsuchen, in denen sich ihre Kunden die Zeit vertreiben. Viele Firmen ermutigen Freiwilligendienste, und einige belohnen ihre Angestellten besonders für ihre breitgefächerten Kontakte zu Gruppen außerhalb der Arbeit. All diese Initiativen verfolgen dasselbe Ziel: Es gilt, über den eigenen Teller- beziehungsweise Schreibtischrand und Konferenzsaal hinauszublicken, neue neurale Netzwerke aufzubauen, die das Denken auffrischen, und neue Kontakte zu knüpfen.

Wie Offsite-Meetings Erfolg versprechen

Beim Aufbau des Unternehmens Boston Scientific befasste John Abele sich intensiv mit dem Thema Zusammenarbeit: Wann funktioniert sie, warum funktioniert sie so oft nicht – und welche Bedingungen können sie eventuell erleichtern? Von entscheidender Bedeutung wurden diese Fragen für die meisten Unternehmen bei Treffen außerhalb der Arbeitsstätte, Gelegenheiten, zu denen Mitarbeiter sich gemeinsam mit externen Gästen mit schwierigen Problemen beschäftigten. Doch allzu oft verstärken solche Bemühungen um kreative Konflikte nur die eingebrannten Denkschemata, anstatt sie zu löschen. Die Hotels gleichen den Büros; auch Zimmer und Suiten unterliegen Hierarchien. Die Bestuhlung spiegelt die Hackordnung wider, außerdem fällt es leichter, mit Menschen zu sprechen, die man bereits kennt.

Solche unliebsamen Erfahrungen inspirierten Abele dazu, eine völlig andere Kulisse für externe Tagungen zu schaffen.

»Kingbridge gefällt mir, weil es architektonisch ein rosa Elefant ist«, sagt Abele. »Man verliert leicht die Orientierung. Es gibt eine Menge Platz, unterschiedlich gestaltete Flure, um von einer Geisteshaltung in eine andere zu wechseln. Es gibt große Wandflächen für Kunst, und es gibt Kontraste zwischen den einzelnen Mikroumgebungen, als trete man durch einen Spiegel oder Schrank wie in Narnia. In vielen Räumen kann man Theater spielen, mit Musik, Licht und allem. So kann man die Gäste überraschen, während sie sich zugleich in einer persönlichen, freundlichen Umgebung geborgen fühlen.«

»Als John die Anlage kaufte, wollte er eine neue Art Raum schaffen«, erzählt Lisa Gilbert. Nach einer desillusionierenden Karriere in einem Gastgewerbe, das sie nicht mehr als gastlich empfand, leitet sie jetzt das Zentrum.

»In herkömmlichen Hotels sind die Zimmer unterschiedlich groß. So etwas wollte er nicht: keine Luxusräume, keine Präsidentensuite. Es ging ihm um die Nivellierung des Spielfelds. Er wollte einen Raum schaffen, der mehr Geselligkeit zulässt. Im Speisesaal fühlt man sich nicht wie in einem Restaurant, sondern als würde man zu Hause essen. Man sieht, wie Schranken fallen und die Leute sich stundenlang unterhalten. John wollte das Haus nicht von einem Innenarchitekten ausstatten lassen – so hat jeder Bereich etwas Unvollkommenes, mit Möbeln, die an zu Hause erinnern. Man kann einfach herumschlendern; die Leute verstecken sich nicht.«

Dieses Klima der Gemütlichkeit und Geborgenheit ist ein gewollter Versuch, Offsite-Meetings in Kingbridge möglichst von

denen am Arbeitsplatz zu unterscheiden. »Wir fahren m̥
Leuten raus und bringen sie dazu, sich von ihrer verspielte
zu zeigen und neue Dinge auf vergnügliche Art zu entdecken.
Wenn sie außerhalb der Tagung anders sein können, können sie
es auch innerhalb. Sie sollen den Mut aufbringen, neue Wege zu
gehen.«

Kingbridge will bewusst festgelegte Routinen und Verhaltensweisen durchkreuzen. Denselben Effekt erzielt man, indem man
die Regeln der Arbeitswelt ändert. Bei einer der besten Konferenzen, an denen ich je teilgenommen habe, wurde eine einzigartige Teambildungsmethode praktiziert. In den vier Tagen musste
jeder Teilnehmer (einschließlich Geschäftsführer und Präsidenten) einmal in der Küche helfen und einmal das Essen servieren.
So konnte es sein, dass man von einem früheren Premierminister
bedient wurde oder an der Seite eines NGO-Vorsitzenden kochte.
Die Botschaft war eindeutig: Jeder hier hat einen Beitrag zu leisten, und jeder zählt.

Geht nach Hause

Mit dem Beginn der Industriellen Revolution konzentrierte sich
Arbeit, die zuvor zu Hause erledigt worden war, in Büros und
Fabriken. Diese entwickelten einzigartige Bauwerke, Möbel, Jargons, Regeln und Verhaltensweisen und wurden dadurch sehr
effizient. Zugleich aber wurden sie zu Inseln. Der Wirtschaftsjournalist Gillian Tett gibt zu bedenken, dass der Bürokomplex
Canary Wharf in London tatsächlich eine Insel *sei*. Seine geographische und geistige Isolation vom Rest der Welt sei mit ein

Grund, warum die Finanzleute so blind seien für das Risiko, das sie eingehen. Großzügige Anlagen, die alle menschlichen Bedürfnisse stillen, sind zwar effizient, laufen aber Gefahr, zu narzisstischen Blasen zu werden, abgeschnitten vom Rest der Welt, selbstreferentiell und wehrhaft.

Viele Organisationen betrachten die Zeit, die Mitarbeiter außerhalb ihres Büros verbringen, mit Argwohn. Arbeit gilt als ernsthaft, das Zuhause dagegen als trivial. Dies ist ein grundlegender Irrtum. Ein Produktmanager von Procter and Gamble beschrieb einmal seine erste Erfahrung mit einem Teilzeitarbeiter im Team. Nach anfänglicher Skepsis änderte er seine Einstellung. »Ich sah ein«, sagte er mir, »dass es unglaublich wertvoll war, jemanden im Team zu haben, der nicht ständig *hier* war – sondern draußen, in Geschäften und anderer Leute Wohnungen, der mit Familien Kontakt hatte, zu allem in Beziehung stand, das für uns von Relevanz war.«

Doch das Zuhause bietet mehr als nur Marktforschung. Es kann ein Ort sein, an dem die Hierarchie wegfällt, an dem von allen Seiten Herausforderungen kommen können (und sollen). Auseinandersetzungen in der Familie, mit Menschen, die man nicht einfach feuern kann, erweisen sich als phantastische Übung, um zuzuhören und zwischen gegensätzlichen Interessen zu vermitteln. Zuhause ist, wo unsere Werte am gegenwärtigsten und aktivsten sind und uns daran erinnern, wer wir sind und wer wir sein wollen. Es bietet uns Zeit zum Nachdenken und ein ergiebiges Versuchsgelände für unsere Ideen und Überzeugungen.

Der Anästhesist Steve Bolsin quälte sich jahrelang, weil er an der Seite eines fahrlässigen Kinderkardiologen arbeiten musste. Die Operationen dauerten zu lang, die Kinder erholten sich nur schwer, einige starben. Bolsin fand wenig Unterstützung bei seinen Kollegen; die Krankenhausleitung wollte nichts davon wissen. Die Versuchung, einfach aufzugeben und den Mund zu halten, war groß. Doch eines Abends, als er seiner Frau schilderte, in welcher Zwickmühle er steckte, wurde ihr Gespräch von seiner fünfjährigen Tochter belauscht. Sie ging zu ihm und sagte: »Du darfst die Babys nicht sterben lassen, Daddy.« Dieser Blick durch die Augen der Machtlosen gab ihm die notwendige Kraft, so lange durchzuhalten, bis die Vorgaben geändert wurden.

Falls Sie Kinder haben, kann das Zuhause auch einen Blick in die Zukunft bieten. Wenn die Geschäftswelt immer wieder wegen ihrer Kurzsichtigkeit kritisiert wird, kann es augenöffnend sein, wenn man die Auswirkungen gewisser Entscheidungen auf die nachfolgenden Generationen sieht. Schert euch nicht um den Gewinn der Aktionäre! Was schafft ihr für die Zukunft, die mit euch am Familientisch sitzt?

Angesichts einer ungewissen Zukunft, deren Anforderungen wir nicht kennen, liegt unsere Stärke in einem wachen Geist, der sich nicht von Schranken beirren lässt und unentwegt von neuen Menschen, interessanten Erfahrungen und all den Ideen bereichert wird, die sie in uns entfachen. Das Leben in der Welt draußen steht nicht in Konkurrenz zu unserer Arbeit, es geht mit ihr Hand in Hand. Bereichert durch ausgedehnte und tiefgreifende Erfahrungen, mit einem Geist, der nach Belieben fokussieren oder umherstreifen darf, finden wir die passenden Worte – und den Mut, sie auszusprechen.

Anführer überall

Mit einem klassischen psychologischen Feldversuch wollten ein Grundschullehrer und ein Professor gemeinsam herausfinden, inwieweit Erwartungen Ergebnisse beeinflussen. Anhand von Tests ermittelten sie den Intelligenzquotienten kalifornischer Schüler der Jahrgangsstufen eins bis sechs. Den Lehrern wurde gesagt, dass manche Schüler – etwa 20 Prozent – sehr vielversprechend abgeschnitten hätten und dass von ihnen außergewöhnliche Fortschritte zu erwarten seien. Am Ende des Schuljahres bewahrheitete sich diese Prognose: Der Intelligenzquotient der betreffenden Schüler hatte sich tatsächlich maßgeblich verbessert. Doch wie alle bedeutenden sozialpsychologischen Experimente hatte auch dieses einen Haken: Die vermeintlich hochbegabten Schüler waren nach dem Zufallsprinzip ausgesucht worden. Was als »Pygmalion-Effekt« bekannt werden sollte, besagt, dass Erwartungen mehr Einfluss auf die Leistung hätten als angeborene Fähigkeiten. Ob jemand begabt und talentiert sei, zähle nicht: Großes von ihm zu erwarten erhöhe die Wahrscheinlichkeit, dass man Großes von ihm bekäme.

Talent, Energie und Potential einer Organisation hängen von

den Mitarbeitern ab. Von ihnen kommen die Ideen; sie sind außerdem das beste Frühwarnsystem. Das gesamte Risiko, das gesamte Potential, dies alles liegt in den Arbeitskräften. In gerechten Kulturen braucht keiner die Erlaubnis, kreativ oder mutig zu sein. Aber sie brauchen sehr wohl Unterstützung, Ermutigung und Selbstvertrauen.

Die positive Wirkung hochgespannter Erwartungen

Nachdem die Pygmalion-Experimente veröffentlicht worden waren, fragten sich Wissenschaftler natürlich, ob derselbe Effekt nicht auch bei Erwachsenen erzeugt werden könne. Konnte man Teams produktiver machen, indem man höhere Erwartungen in sie setzte? Zwei israelische Forscher – Reuven Stern und Dov Eden – beobachteten tausend Männer in 29 Heereszügen. Stern traf sich mit allen Zugführern und erklärte, dass sich anhand von Testergebnissen das Führungspotential der Soldaten vorhersagen lasse. Einzelnen Zugführern teilte er mit, dass die Testergebnisse ihrer Gruppe auf ein außergewöhnlich hohes Potential verwiesen. Kein einzelner Soldat wurde herausgestellt, sondern die gesamte Gruppe galt als vielversprechend. Wieder waren die Züge mit dem angeblich hohen Potential nach dem Zufallsprinzip ausgewählt worden.

Und tatsächlich erwiesen sich die herausgestellten Züge bald wirklich als außergewöhnlich: Die hochgespannten Erwartungen der Kommandanten an ihre Männer verbesserten deren Leistungen um mindestens 20 Prozent. Außerdem »ist der Pygmalion-Effekt kein Vorteil, den einige wenige auf Kosten anderer genießen. Er ist ein Segen, an dem alle teilhaben können.« Niemand musste scheitern, damit andere vorankamen.

Kein Soldat war zu Beginn dienstuntauglich, verdrossen oder gleichgültig gewesen, jeder hatte ein Mindestmaß an Engagement und Diensttauglichkeit mitgebracht. Allerdings fordert diese Studie sämtliche Organisationen heraus, sich gut zu überlegen, wie sie Talent bewerten und damit umgehen. Üblicherweise sollen Lebensläufe, Bewerbungsgespräche, psychometrische Tests und Verhaltensprofile dazu beitragen, dass Potentiale und Talente erkannt werden. Wer einigen Führungskräften ein »hohes Potential« bescheinigt, setzt damit jedoch vielleicht weiter nichts in Gang als eine selbsterfüllende Prophezeiung: Erhalten die Betreffenden dann besondere Aufmerksamkeit, das Training und die Unterstützung, die sie brauchen, bringen sie natürlich gute Leistungen. Allerdings ist zu bedenken, welche Botschaft dadurch den Übrigen vermittelt wird: Euch fehlt es an Potential.

Schluss mit rigiden Bewertungssystemen

Indem sie Verfahren zur Anwendung bringen, die das Gegenteil des Pygmalion-Effektes bewirken, legen viele Unternehmen einen Großteil ihrer Arbeitskräfte lahm. Am weitesten verbreitet ist das sogenannte *forced ranking*, eine Klassifizierung der Mitarbeiter, die alle sechs oder zwölf Monate wiederholt wird: Die Mitarbeiter werden bewertet und einer von drei Kategorien zugeordnet: Zehn bis zwanzig Prozent gelten als hochtalentiert, weitere zehn bis zwanzig Prozent als untalentiert, und alle übrigen liegen in der Mitte. Man braucht kein Mathegenie zu sein, um zu erkennen, dass es in diesem System weitaus mehr Verlierer als Gewinner gibt. Die Mitglieder der Elitegruppe fühlen sich wohl, weil man ihnen Führungsqualitäten, Talent und Potential bescheinigt. Es überrascht nicht, dass sie den hohen Erwartungen, die man in sie setzt, gerecht werden und sich dem Unternehmen verpflichtet fühlen, das ihren Wert so klar erkannt und artikuliert hat.

Und die Übrigen? Der Bodensatz wird ausdrücklich dazu ermutigt, die Firma zu verlassen, eine Aufforderung, die einige Manager als freundlich bezeichnen. Doch die Leute im Mittelfeld – die Mehrheit der Arbeitskräfte – stecken vollkommen fest. Wenige aus dem oberen Segment wollen sie unter ihre Fittiche nehmen, weil sie damit ihren eigenen Elitestatus gefährden. Kollegen auf demselben Niveau helfen und unterstützen einander ebenfalls nur ungern, aus demselben Grund. Am aufschlussreichsten aber ist, dass die Abgrenzung der »Besten« eine absolut demotivierende Botschaft an die Übrigen sendet: Die da oben haben Führungsqualitäten, ihr nicht. Das Vorankommen der wenigen geht auf Kosten aller anderen, die mit Passivität und Apathie reagieren. Dies ist zwar nicht beabsichtigt, aber es ist die natürliche Konsequenz. Warum sollte sich jemand für ein System einsetzen, das offenbar nichts für ihn übrighat?

Die meisten der größten Firmen weltweit stufen ihre Mitarbeiter ein, weil sie sich ihren Konkurrenztrieb zunutze machen wollen und hoffen, sie auf diese Weise zu noch höheren Leistungen anspornen zu können. In Wirklichkeit entrechtet dieses System die Mehrheit der Arbeitskräfte und sendet eine Botschaft, die der Firma letztlich teuer zu stehen kommt: Du bist keine Führer-

natur. Im Gegensatz zum Pygmalion-Effekt könnte man hier von einem Galatea-Effekt sprechen: Lebhafte Talente werden in toten Stein verwandelt.

Statt auf gleichbleibende Leistungsbereitschaft Wert zu legen, verwenden die meisten Unternehmen viel Energie auf das Aushebeln sogenannter *Underperformer*. Standardwerkzeuge für die Beurteilung, Bewertung und Klassifizierung vermitteln eine Illusion von Kontrolle, eine beruhigende Abwehr gegen Faulpelze. Doch indem man der Lösung des kleinen Problems so viel Bedeutung beimisst, übersieht man das größere. Dreht man das Ganze um und konzentriert sich stattdessen darauf, Talent zu befreien und zu feiern, sind die Ergebnisse, vorhersehbarerweise, ungleich besser.

Forced Ranking erzeugt eine sichtbare und spürbare Hierarchie, die ausgerechnet jene Eigenschaften – Hilfsbereitschaft und Verantwortungsgefühl – ausbremst, die bei kreativen Gemeinschaftsprojekten am wertvollsten sind. Sie entwerten vor allem das soziale Kapital. Es war daher ein vielsagender Moment, als ein zukunftsweisendes Unternehmen, das lange Zeit für dieses Bewertungssystem plädiert hatte, es schließlich abschaffte – genau dies tat Microsoft 2013. Der neue CEO, Satya Nadella, betrachtet es jetzt als wesentlich für die Mission des Unternehmens, alles in seiner Macht Stehende zu tun, um ein neues Ethos zu fördern, mit dem Schlagwort »*One Microsoft*«, in dem alle – nicht nur die wenigen an der Spitze – sich aktiv, gebraucht und verantwortlich fühlen.

»Kultur ist alles«, sagt Nadella »Deshalb versuche ich, all unsere frisch eingestellten Hochschulabsolventen kennenzulernen. Sie sind das Blut in unseren Adern! Und ich rühre weiter die

Trommel: Das Management ist dazu da, den Arbeitern zu *dienen*. Wir müssen die Leute ganz unten dazu bringen, sich nicht jeden Blödsinn aufschwatzen zu lassen. Wir müssen mit ihnen allen in Kontakt bleiben. Wir müssen aus jedem Einzelnen das Beste herausholen.«

Die symbolische Kraft der Abschaffung des *forced ranking* kam bei allen gut an. Nun steht Nadella vor einer noch größeren Herausforderung: Wie lässt sich in einer riesigen Firma voller schlauer, ehrgeiziger Leute jeder Einzelne begeistern und motivieren? Er steht damit nicht allein. Die meisten globalen Unternehmen haben heutzutage Programme mit Namen wie »Eine Bank«, »Ein Kaufhaus«, »Ein QBE« initiiert, die darauf abzielen, all ihre Talente zu bündeln, Denksilos und abgeschottete Herrschaftsbereiche niederzureißen und die Begabung jedes einzelnen Angestellten freizusetzen. Es könnte einfacher sein, als viele meinen.

Anführer haben Vertrauen

Als Google begann, im Rahmen des *Project Oxygen* konzertiert Daten zu sammeln, um herauszufinden, welche Merkmale ihre besten Manager charakterisieren, erwarteten viele, dass ganz oben auf der Liste das Fachwissen stehen müsse. Doch von den acht wichtigsten Merkmalen rangierte dieses an *letzter* Stelle. Am wichtigsten war den Leuten, mit Kollegen zusammenzuarbeiten, die an sie glaubten, sich für sie interessierten und Anteil nahmen an ihrem Leben und ihrer Karriere. Besonders augenfällig war die Tatsache, dass sie Manager bevorzugten, die ihnen dabei halfen, Probleme selbst auszutüfteln – indem sie die richtigen Fragen stellten. Wer Antworten liefert, beendet ein Gespräch und impliziert Überlegenheit; wer dagegen Fragen stellt, um ein Problem zu lösen, impliziert Vertrauen: Du kannst diese Nuss selbst knacken, du brauchst bloß ein wenig Unterstützung. Fragen sind besser als Lösungen, und ein soziales Miteinander erweist sich als hochmotivierend.

An die Menschen zu glauben, die mit einem arbeiten, ist sehr effektiv. Denn so bauen sie das Selbstvertrauen auf, um auch schwierige Situationen bestehen zu können. Sie entwickeln eine sogenannte Selbstwirksamkeitserwartung: Erfolgserlebnisse, die ihnen zeigen, dass sie schwierige Aufgaben bewältigen können. Indem man Vertrauen in sie setzt, lernen sie, sich selbst zu vertrauen. Wenn Menschen Hilfe von einem System erfahren, übernehmen sie mit größerer Wahrscheinlichkeit die Verantwortung dafür. Unterstützung, Hilfe, Betreuung, Menschenführung werden wechselwirksam.

Sobald Führungskräfte glauben, dass nur Kompetenz und Allwissenheit zählen, blenden sie ihre Sorge um die Menschen um sie herum aus. Ich kannte einen hervorragenden Manager, dem seine Teammitglieder, ihre Familien, ihre beruflichen und persönlichen Hoffnungen und Träume sehr am Herzen lagen. Allerdings ließ er sich dies nie anmerken, weil es ihm nebensächlich erschien. Sobald er sein Verhalten änderte, war die Reaktion phänomenal. Sobald sie sich als vollwertige Menschen wahrgenommen fühlten, brachten die Mitglieder seines Teams mehr von sich selbst in die Arbeit ein: Plötzlich waren ihre ganze Energie, ihre gesamte Phantasie und all ihre Ideen verfügbar. Die Pygmalion-Experimente und die Google-Daten zeigen, dass Menschen Großes leisten können, wenn ihre Firma an sie glaubt. Ich spreche nicht von Kumpanei, sondern davon, dass Sie die Menschen wahrnehmen, die für Sie arbeiten. Lernen Sie sie kennen. Zeigen Sie ihnen, dass Sie Interesse an ihnen haben. Nehmen Sie sich Zeit. Es klingt so einfach, weil es einfach ist.

Durch mein gesamtes Berufsleben hindurch haben Unternehmen sich immer wieder neu strukturiert und neu organisiert, um Energien und Ideen freizusetzen. Dieser Prozess bringt auch mit sich, dass man sich all jener entledigt, die euphemistisch als »Totholz« beschrieben werden. Doch sind sie von Anfang an tot gewesen? Hat die Firma Leichen rekrutiert und eingestellt? Natürlich nicht. Doch ein Mangel an Zeit, Aufmerksamkeit und Sorge hatte ihr anfängliches Engagement und ihr Talent zunichtegemacht.

Macht verteilen

Als ich den Ingenieuren bei Arup das Bewertungssystem des *forced ranking* beschrieb, sprach die Verwunderung auf ihren Gesichtern Bände. Sie verstanden das Konzept durchaus, sie konnten sich nur nicht vorstellen, wozu es gut sein sollte. Arup ist eines der erfolgreichsten Ingenieurbüros weltweit. Zu seinen Aushängeschildern gehören das Vogelnest-Stadion in Peking, der »Käsehobel« in London, die längste Brücke in Australien und eine bioreaktive Fassade in Berlin: Spitzenkonstruktionen menschlichen Erfindergeistes. In den 67 Jahren seines Bestehens hat das Unternehmen niemals Geld verloren. Terry Hill arbeitet seit über 30 Jahren bei Arup; er sagt, der Erfolg des Unternehmens sei zum großen Teil einem Abbau hierarchischer Strukturen zu verdanken.

»Bevor ich bei Arup anfing, hatte ich immer mit Vertragspartnern zu tun, die straff hierarchisch organisiert waren. Doch hier hatte man Vertrauen zu mir, hier brauchte ich mich nur auf die Arbeit zu konzentrieren. Als ich aus dem Urlaub zurückkam, bot mir der Typ, für den ich gearbeitet hatte, plötzlich an, er wolle nun für mich arbeiten. Er war bei meinem ersten Job mein Boss gewesen – und jetzt, beim nächsten, war ich sein Boss!«

Bei Arup ist so viel Flexibilität nichts Ungewöhnliches. Die Zusammensetzung eines Teams wird von den Kenntnissen bestimmt, die ein Auftrag erfordert – und von den Kenntnissen, die einzelne Ingenieure entwickeln wollen. Eine Ingenieurin, erzählt mir Hill, habe zunächst Hochhäuser in London gebaut und wollte sich dann für nachhaltige Entwicklung in Afrika einsetzen. Dafür musste sie sich neue Fertigkeiten aneignen. Die Firma unterstützte sie dabei und vergrößerte damit auch ihr eigenes Potential. Bei Arup bedeutet Erfolg nicht zwangsläufig einen ausschließlichen Fokus auf die Karriere: Es geht vielmehr darum, aus vielen Personen mit Führungsqualitäten eine weitverzweigte Infrastruktur aufzubauen.

»Wir stellen niemanden ein, damit er eine Lücke füllt«, sagte mir Phil. »Wir haben nicht einmal genaue Berufsbeschreibungen. In dieser Hinsicht sind wir ziemlich locker. *Was* wir tun, erfordert viel Disziplin und Können, doch *wie* wir es tun, soll möglichst transparent bleiben.«

Ein gemeinsames Mittagessen mit einem Team von Arup-Ingenieuren unterscheidet sich von ähnlichen Erfahrungen, die ich in anderen Firmen gemacht habe. Dies liegt nicht nur an der spontanen Bereitwilligkeit, mit der alle über ihre Arbeit reden, oder an der angenehmen Tatsache, dass ihnen jegliche Schulung im Gespräch mit Medienvertretern fehlt. Was sie beschreiben, passt zu der Art und Weise, wie sie über ihre Arbeit sprechen: Wer bei einem bestimmten Thema die größte Erfahrung oder Kenntnis hat, gibt im Gespräch den Ton an, ohne Rücksicht auf die Hierarchie. Statt einer hierarchischen Struktur beobachte ich Heterarchie: eine informelle Struktur, die sich flexibel den Gegebenheiten anpasst.

Heterarchien liegt die Überzeugung zugrunde, dass es auf jeden Einzelnen ankommt. So wie das menschliche Gehirn selbst nicht hierarchisch ist – seine unterschiedlichen Bereiche und Kapazitäten werden je nach Aufgabenstellung in unterschiedlichen Kombinationen abgerufen –, zählt in kreativen Unternehmen jeder einzelne Mitarbeiter. Statt einer Rangordnung, die unterschiedliche Wichtigkeiten zuweist, soll in großartigen Teams jeder Einzelne das Gefühl haben, wichtig zu sein. Der Respekt gilt jemandes Tüchtigkeit, nicht seiner Position. Sobald man von der einfachen Annahme ausgeht, dass jeder Einzelne zählt, bringt jeder sich noch mehr ein. Das bedeutet nicht, dass alle alles tun – Wissen und Fachkenntnis sind wichtig –, aber die Führungsrolle ist flexibel.

Die beste Idee setzt sich durch

Jedermann zählt. In Unternehmen wie der Firma Morning Star, weltweit führend in der Tomatenverarbeitung, wird das anders ausgedrückt, aber der Sinn ist derselbe. Es gibt weder Titel noch

Beförderungen, noch Privilegien. Stattdessen lautet die Devise: Wissen ist Trumpf. Wie bei Arup bei einem Projekt oder der Lösung eines Problems hat derjenige das Sagen, der an diesem Tag mit der besten Lösung aufwartet. Im britischen Unternehmen Gripple herrscht derselbe Geist. Der CEO sitzt bei den Angestellten, und die einzige Aufgabenbeschreibung ist ganz einfach: Fällt dir der Ball zu, dann fang ihn auf. Jim Henson pflegte auch den Hausmeister zu den Besprechungen einzuladen. Die Abwesenheit von Hierarchien, offiziellen Job-Beschreibungen und Bewertungssystemen soll bewusst eine Situation herbeiführen, die auch das FCKW-Team beflügelte: Jeder gibt sein Bestes.

Bei einem meiner Besuche bei Arup hatte ich die Ingenieure gefragt, was an ihren Büros so typisch sei. Büros gebe es doch schließlich auf der ganzen Welt.

»Sie würden nicht erkennen, wer eine Führungskraft ist und wer nicht«, erklärte David. »Jedes Büro sieht anders aus. Aber überall sitzen Leute an Tischen und arbeiten, und Sie haben keine Ahnung, wer von denen das Sagen hat.«

Hierarchien erleichtern es einigen wenigen, Macht auszuüben, während die Übrigen sich fügen oder abmelden. Doch in Unternehmen, die Wert darauf legen, Hackordnungen zu reduzieren, werden alle ermutigt, sich als Anführer zu begreifen, die Erfolg haben oder andere zum Erfolg führen können. Dies ist der Punkt, an dem ein Unternehmen sich dem Heiligen Gral aller Teams nähert: Verantwortlichkeit. Wenn ich das Gefühl habe, etwas bewirken zu können unter Menschen, die ich kenne, denen ich vertraue und die mir am Herzen liegen, warum sollte ich sie im Stich lassen?

Die Macht in der Machtlosigkeit

1989 forderte das Montreal-Protokoll die Ausmusterung aller Fluorchlorkohlenwasserstoffe (FCKW), die erwiesenermaßen für das Loch in der Ozonschicht über der Antarktis verantwortlich waren. FCKW waren allgegenwärtig, in Kühlsystemen, Spraydosen, Autos und zahlreichen Herstellungsprozessen. Es galt daher, möglichst rasch einen Ersatzstoff für die verbotenen Chemikalien zu finden. Im Alter von 39 Jahren sah sich Geoff Tudhope, der Leiter der chemischen Abteilung der Firma ICI, vor einer gewaltigen Herausforderung, nicht zuletzt deshalb, weil es ihm an Fachwissen fehlte.

»Ich bin weder ein Chemiker noch ein Ingenieur; ich habe einen Juraabschluss«, sagte mir Tudhope. »Ich musste bei meinen Anweisungen also *sehr* vorsichtig sein. Ich wusste, dass wir ausgezeichnete Leute hatten und eine gute Erfolgsbilanz auf diesem Gebiet. Meine Aufgabe war die emotionale Führung der Gruppe.«

Tudhope und sein Technikchef Frank Maslen wussten, dass das Unternehmen angesichts der großen fachlichen Herausforderung und des beispiellos knappen Zeitrahmens gezwungen sein würde, anders zu denken und zu arbeiten.

»Wir wussten nicht, ob wir das schaffen würden – niemand wusste es«, erinnerte sich Tudhope. »Doch Maslen kam, um mir dreierlei zu sagen. Erstens, sagte er, will ich Folgendes versuchen: Es gibt in diesem Team keine Stars. Wir sind alle Wissenschaftler, nicht mehr. Niemand macht sich groß, jeder hat eine gültige Meinung. Zweitens: Wir kennen nur ein Niveau: das denkbar beste. Dann fügte er den letzten Punkt hinzu. Er sagte mir, ich müsse mich raushalten.«

Tudhope hatte begriffen. Er wusste, dass sich Macht, wenn es um Neuerungen ging, als störend und destruktiv erweisen konnte. Und er teilte Maslens Ansicht, dass Dringlichkeit und Größe der Herausforderung in diesem Fall außergewöhnlich waren und daher nicht eine einzige Stimme, Begabung oder Idee verschwendet werden durften. Jeder Einzelne zählte. Tudhopes Beitrag bestand darin, das Team an seine Prinzipien zu erinnern.

»Ich beobachtete die Körpersprache des Teams, um festzustellen, ob auch wirklich jeder zu Wort kam. Ich nahm regelmäßig als Beobachter an den Besprechungen teil und hörte zu. Wurde jemand ausgegrenzt oder kaltgestellt? Saß jemand schweigend da? Doch alle beteiligten sich. Sogar die Frauen – wir hatten mehrere Wissenschaftlerinnen im Team – waren aktiv mit dabei! So viel Energie, so viel Aufrichtigkeit. Von jedem Einzelnen.«

Obwohl Tudhope kein technisches Fachwissen besaß und sich auch nicht einmischen durfte, sah er dennoch nicht tatenlos zu. Vielmehr achtete er darauf, dass Vertrauen und Offenheit innerhalb des Teams auf einem gleichbleibend hohen Niveau blieben, berichtete seinen Vorgesetzten, wie die Arbeit voranging, und sicherte so dem Team seine Freiheit. Ein hohes Maß an Vertrauen, gepaart mit wenig Einmischung, brachte ein beeindruckendes Ergebnis. Das Montreal-Protokoll – das erfolgreichste internationale Umweltabkommen, das jemals umgesetzt wurde – hatte die Eliminierung aller FCKW bis zum Jahr 1996 gefordert. Tudhopes Team lieferte bereits 1994 eine Alternative.

»Wir haben die neue Technologie vor allen Konkurrenten geknackt, einschließlich DuPont, haben vierzig Prozent des amerikanischen Marktes erobert und wurden 1993 von der Royal Academy of Engineering mit dem MacRobert-Preis ausgezeichnet! In puncto Vertrauen und Teamwork war das eine recht beachtliche Leistung. Und es war aufregend, sich dem denkbar besten Niveau zu verpflichten. Auch für mich eine erstaunliche Lernerfahrung.«

Das Problem mit der Macht

»Ich glaube, je mehr Macht man abgibt, desto mehr Macht hat man. Denn wenn man Menschen vertraut und Macht an sie abgibt, übernehmen sie Verantwortung und lassen einen nicht im Stich«, schreibt mir Paul Harris. »Ich beurteile einen Manager nicht nach der Anzahl der Menschen, die er kontrolliert, sondern nach der Anzahl derer, die er befreit. Da ich noch nie von jemandem gelernt habe, der mit mir einer Meinung war, erwarte ich, dass JEDER offen seine Meinung äußert, auch wenn seine Meinung sich von meiner oder der eines Vorgesetzten unterscheidet.«

Harris ist der ehemalige CEO und Mitbegründer der FirstRand-Bank in Südafrika. Trotz seines Reichtums ist sein bevorzugtes Gesprächsthema nicht etwa Geld oder Status. Was ihn antreibt, ist die Chance, Menschen als gleichberechtigte Partner zusammenzubringen. Er geht davon aus, dass die Menschen nicht für ihn arbeiten, sondern mit ihm.

Die FirstRand Bank gilt im südlichen Afrika als innovativ und vertrauenswürdig. Schon im Jahr 2000 führte die Bank ein elektronisches Zahlungssystem ein, das Käufer und Verkäufer zusammenbrachte, und bereitete zudem den Weg für den Gebrauch von Handys bei Bankgeschäften. Solche Neuerungen, weiß Harris, hängen von der Freiheit und dem Talent des gesamten Unternehmens ab. Wer mit Harris spricht, spürt unweigerlich, dass ihm die Gleichstellung der Menschen ein persönliches Anliegen ist. Doch er räumt auch ein, dass steile Hierarchien schwer zu handhaben sind; es sei schwierig, Informationen von ganz oben nach ganz unten weiterzugeben, solange mit diffusen Spekulationen über die Absichten der Mächtigen ein raffiniertes und unwirtschaftliches Spiel getrieben werde. Aus diesem Grund hatte Geoff Tudhope beschlossen, sich aus der Suche nach einem FCKW-Ersatz herauszuhalten: Er wusste, dass sein Status die Forschung zum Scheitern bringen konnte.

Auch wenn wir Macht möglicherweise als Auszeichnung oder als Privileg empfinden – in Wirklichkeit stellt sie ein Problem dar, und je steiler die Hierarchie, desto größer das Risiko. Viele Vorteile der Macht sind an sich schon isolierend: der Privatjet, die Kabine erster Klasse, die Limousine oder das Eckbüro sind von Wänden umgeben, nicht von durchlässigen Membranen. Und Macht verändert Menschen.

Machtmenschen, die Ressourcen kontrollieren, neigen dazu, den weniger Mächtigen nicht viel Beachtung zu schenken. In Studien gelingt es ihnen weniger gut, die visuellen, kognitiven und emotionalen Perspektiven anderer Menschen einzunehmen. Sie geben daher weniger genaue Urteile ab und gewinnen nur relativ flache Einsichten. MRT-Aufnahmen von Gehirnen haben unlängst gezeigt, dass Mächtige weniger auf andere reagieren. Das Paradoxe an der Macht besteht also darin, dass Unternehmen Anführer bräuchten, die zeigen, dass sie sich um andere Menschen sorgen, aber oftmals können sie genau das gar nicht.

»Ich könnte sie vielleicht nach ihrer Meinung fragen«, gibt ein CEO widerstrebend zu. Frustriert darüber, dass es seinem globalen Unternehmen an Kohärenz und Energie fehlt, weiß er, dass die Antworten, nach denen er sucht, in den klugen Köpfen um ihn herum steckten. Er schätzt seine Mitarbeiter und wusste durchaus, dass sie engagiert waren. Trotzdem hat er nicht das Gefühl, sie um Hilfe bitten zu können. Von Führungskräften werde doch erwartet, dass sie auf alles eine Antwort wissen, oder nicht? Die Auffassung, dass er als Firmenchef eigentlich allwissend sein müsse, bürdet ihm eine Last auf, die er allein nicht stemmen kann.

Wie eine großartige Idee ist auch die Macht dann am besten, wenn sie abgegeben wird. Würde der CEO seine Mitarbeiter um Hilfe bitten, würde er all die schlauen jungen Köpfe, die er gern beteiligen würde, mit einbeziehen können und dabei die Hierarchie und Denksilos zerschlagen, die ihn lähmen. Auch Geoff Tudhope von der Firma ICI kam zu dieser Einsicht: Je mehr Macht man an die Mitarbeiter abgibt, desto wahrscheinlicher ist es, dass sie eine tolle Idee aufpolieren oder auf eine drohende Gefahr verweisen.

Während unsere Kultur Anführer meist als heroische Einzelkämpfer feiert, erkennen mittlerweile die meisten Firmenchefs, wie wichtig es ist, dass die Menschen um sie herum Stellung beziehen, sich zu Wort melden und tief in ihre Organisationen eintauchen, um die entscheidenden Menschen und Informationen ans Licht zu holen. Auch wenn wir uns einbilden, dass große Unternehmen von charismatischen, hochbegabten Genies im Alleingang gelenkt werden, bündeln wirklich kreative, anpassungsfähige und relevante Firmen die Macht nicht bei den Topmanagern in den oberen Etagen. Selbst der Superstar unter den Firmenchefs, die Ikone Steve Jobs, war in Wirklichkeit nicht der Einzige im Unternehmen, der herausragende Designs hervorbrachte.

»Der größte Irrglaube ist wohl die Vorstellung, dass sich Design und User Experience der Apple-Produkte nur deshalb als besser und attraktiver oder was auch immer erweisen, weil dort die besten Designer der Welt arbeiten«, behauptet der frühere Apple-Designer Mark Kawano. »In Wirklichkeit macht sich dort *jeder* Gedanken über User Experience und Design, nicht nur die Designer. Und genau das ist der Grund, warum an diesen Produkten einfach alles so viel besser ist ... ein einzelner Designer, ein einzelnes Designerteam könnte so etwas nie zustande bringen. Diese Struktur funktioniert deshalb so gut, weil dort nicht nur die Führungselite Entscheidungen trifft, sondern sich alle verantwortlich fühlen.«

Treffen Sie Entscheidungen, egal in welcher Position

Hierarchien schaffen Gräben. Die Menschen diesseits und jenseits der Gräben sehen sich zwar, wissen aber nicht, wie sie Kontakt aufnehmen sollen. Auf der einen Seite stehen die Manager, die sich alleingelassen fühlen, abgeschnitten, isoliert durch die Bürde ihrer Macht, auf der anderen Seite stehen all die Individuen mit ihren Ideen, Kenntnissen, Einsichten und ihrer Dynamik. Sie warten: auf die Erlaubnis, auf ein Zeichen, das ihnen signalisiert, dass sie sich aufmachen, dass sie anpacken und Wagnisse eingehen dürfen. Ich weiß nicht genau, sagen sie mir, ob ich etwas tun soll. Niemand hat mich dazu aufgefordert. Ich bin keine Führungskraft. Das ist nicht meine Aufgabe ...

Es ist vielleicht nicht Ihre Aufgabe, aber es ist Ihr Leben. Die meisten Menschen verbringen etwa 100 000 Stunden am Arbeitsplatz; das ist eine lange Zeit, um mit Ideen festzusitzen, die kein Ventil finden. Selbst innerhalb einer steilen Hierarchie gibt es kleine Möglichkeiten, diese zu durchbrechen, Raum zu schaffen für den eigenen Beitrag. Eine der hierarchischsten Arbeitskulturen herrscht in der Medizin. Es ist kein Geheimnis, dass die Ausbildung zum Arzt ein »verstecktes Curriculum« enthält, das eine Hackordnung lehrt. Der zufolge muss die Entscheidung eines Oberarztes stets den Sieg davontragen, auch wenn sie falsch ist. Diese lange, schwierige und kostspielige Ausbildung in Kombination mit der hohen Bezahlung und dem hohen Risiko stellt die Ärzte auf einen Sockel. Wenn allerdings eine schlechte Entscheidung des Chefarztes die kluge eines Assistenzarztes ausstechen kann, wird es für Patienten gefährlich. Aus diesem Grund wurden Checklisten eingeführt.

In größeren Krankenhäusern ist seitdem die Zahl der Todesfälle und Komplikationen bei wichtigen Operationen um mehr als ein Drittel zurückgegangen. Zum Teil ist dies darauf zurückzuführen, dass Checklisten die oftmals übermüdeten Mediziner an wesentliche Details erinnern. (Sie fordern üblicherweise, dass jeder Arzt vor dem Eingriff die Namen seiner Kollegen kennt; kein hohes Maß an sozialem Kapital, aber besser als nichts.) Doch der eigentliche Vorteil dieser Checklisten liegt in der Tatsache, dass sie die Hierarchie beseitigen: Ob unten oder oben, die Checkliste gilt für alle. Es ist nicht ungewöhnlich, dass die Handhabung der Checkliste dem jüngsten Mitglied im Team überlassen wird. Dieser winzige Mechanismus, der eine Auflistung vereinbarter Voraussetzungen darstellt, packt die tief eingeprägten traditionellen Machtstrukturen eines Krankenhauses und schleudert sie aus dem Fenster.

Ärzte entwickelten die Checkliste mit Hilfe von Experten aus der Luftfahrtindustrie, die sie wiederum von W. Edwards Deming übernommen hatte, einem Statistiker, der in den 1950er Jahren in Japan gearbeitet hatte. Deming, der in erster Linie Fabrikationsbetriebe im Auge hatte, argumentierte, dass die Schranken zwischen den Mitarbeitern fallen, Ängste weichen und die alljährlichen Ranglisten oder Bewertungssysteme abgeschafft werden müssten. Demings Botschaft war einfach: *Niemand sollte fragen müssen, ob er Verantwortung übernehmen dürfe*. Instrumente wie Checklisten setzen dieses Prinzip um. Checklisten nehmen den wenigen die Macht und verteilen sie unter den vielen. Sie geben jedem Einzelnen einen Entscheidungsspielraum.

Hacken wie wild

Alle Unternehmen durchleben Krisenzeiten, in denen ihre Arbeitsmethoden entweder nicht mehr relevant oder ineffektiv scheinen. Die meisten Unternehmen reagieren auf eine von zwei Weisen. Entweder der CEO zieht sich zurück, normalerweise allein oder mit wenigen Vertrauten, um eine völlig neue Struktur oder Vision auszutüfteln, die dann über die steile Hierarchie nach unten weitergegeben wird. Oder die Firma beauftragt externe Berater, die sich um eine Lösung bemühen, in der Hoffnung, deren Objektivität (oder Unwissenheit) werde alten Problemen frische Denkmodelle verleihen. In beiden Szenarien werden wenige außergewöhnliche Menschen mit sperrigen Hoffnungen und Erwartungen beladen und scheitern regelmäßig.

Dabei engagiert sich doch niemand leidenschaftlicher für ein Unternehmen als die Menschen, die dort arbeiten. Alle Tage haben sie Dinge vor Augen, die sich besser machen oder vermeiden ließen. In der Software-Branche rückt man dem Problem schon länger mit sogenannten *hackathons*, Programmiermarathons, zu Leibe: Eine große Anzahl von Programmierern soll über einen kurzen Zeitraum hochkonzentriert zusammenarbeiten und neue Produkte oder Plattformen entwerfen oder die alten verbessern. Das gleiche Verfahren findet mittlerweile in jedem beliebigen System Anwendung. Als John Lasseter bei Pixar dachte, die Firma sei zu schwerfällig und teuer geworden, organisierte er einen *hackathon*, um Ideen zusammenzutragen, die der Firma, wie er bestätigt, neues Leben einhauchten. 2011 veranstaltete die US-Regierung einen *hackathon*, um Ideen für die Verbesserung der Bundesbehörden zu sammeln. Schulen haben sich dieser Methode bedient, um Lehrpläne zu verbessern, Wissenschaftler, um verschiedene Disziplinen zusammenzubringen. In Großbritannien haben Gemeinden lokale *hackathons* zur Zukunft ihres Ortes ins Leben gerufen. Dabei gilt es, möglichst viele Köpfe für einen begrenzten Zeitraum auf ein Thema, eine bestimmte Herausforderung oder ein spezielles Problem zu konzentrieren. Ein Programmiermarathon ist schnell, intensiv und auf eigenartige Weise amüsant.

Es ist von entscheidender Bedeutung, dass solche Programmiermarathons strukturiert und zielgerichtet sind. Typischerweise konzentrieren sie sich auf ein klar umrissenes Firmenproblem: Kosten, Zeiteinteilung, Kultur. Eine Gruppe bemüht sich nach Kräften – manchmal real, manchmal virtuell –, praktische Vorschläge rund ums Thema auszudiskutieren. Die Zeit ist immer begrenzt, und die Teilnehmer entscheiden, woran sie arbeiten wollen. Ranghöhere Führungskräfte können den Programmiermarathon organisieren, aber sie nehmen nicht daran teil: Sinn und Zweck ist eine überschäumende Offenheit, die es den Teilnehmern erlaubt, sämtliche Ideen und Einsichten schnell und intensiv auszutauschen. Nach ein bis zwei Tagen präsentiert jede Gruppe praktische Vorschläge, für die sie bereitwillig persönlich einsteht.

Bei meinem letzten Programmiermarathon legte ein gesamter Geschäftszweig für einen Tag die Arbeit nieder, um an sich selbst zu arbeiten. Vor dem Treffen hatten alle Teilnehmer Themen und Ideen vorgeschlagen, viele davon als große Fragen formuliert: Warum können wir nicht, und was wäre, wenn wir könnten? Stündlich wechselte jeder die Gruppe, bis er am Ende dieselbe Herausforderung aus zahlreichen Blickwinkeln betrachtet und mit Kollegen aus allen Abteilungen gesprochen hatte – mit einigen zum ersten Mal. Was dabei herauskam, war ein umfangreiches Änderungsprogramm: praktisch, originell, mit Energie und Engagement. Binnen eines einzigen Tages wechselte das Betriebsklima von Missmut und Unbehagen zu einem neu belebten freudigen Optimismus.

Viele Unternehmen – Pixar, Publicis, Grant Thornton, der Leeds Teaching Hospital Trust, FactSet – nutzen den Programmiermarathon als ein Mittel, tief in ihren Strukturen zu graben, um Einsichten und Ideen zutage zu fördern. Sie bauen interne Rivalitäten ab und fördern das Vertrauen zwischen distanzierten, bisweilen konkurrierenden Führungskräften. Im besten Fall bringen sie all die einfachen Vorzüge großer Unternehmen unter einen Hut: Unterschiedliche Menschen mit wachem Geist, Mut und dem nötigen Selbstvertrauen, um nicht immer einer Meinung sein zu müssen, arbeiten zur selben Zeit am selben Ort zusammen. Was kommt dabei heraus? Nicht nur Lösungen, sondern auch das soziale Kapital, das für ihre Umsetzung unabdingbar ist.

So ein *hackathon* bringt auch Führungspersönlichkeiten hervor. Man erkennt sie weder am Titel noch am Status. Es sind Leute, die aus gerechten Kulturen hervorgehen und für sich selbst denken können. Hat man sich erst mit dem Gedanken angefreundet, dass jeder über irgendein Talent verfügt, treten überall Anführer zutage. Sie erledigen nicht nur die ihnen gestellten Aufgaben, sondern denken auch darüber nach, ob und wie sie erledigt werden müssen und was man daran verbessern könnte. Sie denken mit, sagen, was sie denken, hören bereitwillig zu und sind offen für Veränderungen. Das alles fällt leichter, wenn man über viel Lebenserfahrung verfügt, zuhören kann, Zeit hat, sich auf ein Thema zu konzentrieren, wenn man auf einen großen Erfahrungsschatz zurückgreifen kann und über das notwendige soziale Kapital verfügt, um auf offene Ohren zu treffen. Solche Führungskräfte wissen, dass sie Erfolg haben, wenn sie anderen zum Erfolg verhelfen. Und sie sind überall.

Epilog: Widersprüche und Unwägbarkeiten

Der wachsame Leser mag mittlerweile einige Widersprüche bemerkt haben, die dem Vorhaben innewohnen, eine gerechte Kultur aufzubauen: Man braucht Ruhe, aber zugleich einen wachen Geist. Konzentration und Aufmerksamkeit sind unabdingbar, doch ebenso wichtig ist es, rauszukommen. Fachkenntnis und Wissen sind wichtig, Hierarchien hinderlich. Man muss lernen, eigenständig zu denken, ohne dabei die anderen aus den Augen zu verlieren. Es ist wichtig, seine Meinung zu sagen, man sollte aber stillsitzen und zuhören.

Dieses Buch liefert kein simples Erfolgsrezept, keine fünf Angewohnheiten, sechs Fertigkeiten oder sieben Verhaltensweisen für den sofortigen Erfolg. Und das ist auch gut so, denn die Führung eines Unternehmens ist viel zu komplex und wird von zu vielen Unwägbarkeiten heimgesucht, als dass sie mit Hilfe einer simplen Gebrauchsanweisung bewältigt werden könnte. Wer so etwas sucht, wird unweigerlich enttäuscht; wer aber Dynamik zulässt, gewinnt an Größe. Unternehmen sind Systeme, die keinen Wunderlösungen unterliegen, sondern empfänglich sind für gerechte Kulturen, die jeden mit einbeziehen. Wenn wir erkennen, dass wir sowohl Lärm brauchen als auch Stille, sowohl Zeit zum

Nachdenken als auch Zeit zum Handeln, sowohl das Potential der anderen erkennen als auch unser eigenes Wissen aufbauen müssen, bringen wir die anpassungsfähigen Köpfe hervor, die mit Entschlossenheit und Integrität auf Veränderungen reagieren.

Es ist leicht, sich vorzustellen, dass dies alles schon bald nicht mehr relevant sein könnte. Algorithmen ersetzen derzeit einen Großteil der menschlichen Arbeitskraft und werden immer mehr Bereiche erobern. Doch sie sind auf Effizienz programmiert, haben keine eigenen Ideen, können nicht mit Wärme und Kreativität auf menschliche Bedürfnisse reagieren und bieten kaum soziale Anerkennung. Reibungslose Abläufe allein sind noch keine Garantie für ein gelungenes Miteinander. Wir sollten uns lieber auf das konzentrieren, was wir nicht gezielt steuern können: menschliche Genialität und Verbundenheit.

Ihr wacher Verstand hat vermutlich auch die unterschwellige Botschaft begriffen: Während die hier beschriebenen kleinen Veränderungen in Unternehmen Großes bewirken, betreffen sie auch Familien, Netzwerke und Gemeinschaften aller Art. Auch wenn ich in erster Linie über Unternehmen schreibe, sind sie nie mein ausschließliches Thema. Letztlich ist jede Arbeit, die wir leisten, Teil dieser Welt. Wenn Unternehmen sich nämlich von dem sozialen Umfeld abspalten, in dem sie agieren, ist der Schaden groß. Was wir daher brauchen, ist nicht etwa eine effiziente Trennung zwischen zwei Welten, sondern die geistige Flexibilität, sie zu überwinden. Das Verhältnis zwischen Wirtschaft und Gesellschaft ist eines der dringlichsten Probleme, denen wir uns heutzutage stellen müssen, und es kann nur gelöst werden, wenn wir akzeptieren, dass beide Welten sich gegenseitig inspirieren können. Sollte eine den Sieg davontragen, sind wir alle die Verlierer.

KLEINE SCHRITTE FÜHREN ZU
GEWALTIGEN VERÄNDERUNGE

Das Ziel eines Menschenlebens besteht nicht darin, sämtliche Fehler und Reibungspunkte zu vermeiden, sondern das Leben der anderen zu bereichern und von ihnen bereichert zu werden. Ebenso ist das Ziel einer großartigen Karriere oder Organisation nicht das Beseitigen von Fehlern, sondern ein regenerativer Umgang mit der Welt, der wächst, indem er gibt. Und dafür sind all die kleinen Dinge nötig, die das Leben zu bieten hat: Stille und Lärm, Aktion und Kontemplation, Fokus und Forschung, Zeit, Respekt, Irrtümer, Erfindungen, Demut und Stolz auf die menschliche Fähigkeit, sich Fehler einzugestehen.

EINES NOCH ...

Ein Hotel in Denver, das sein Servicepersonal motivieren und inspirieren wollte, erfand einen simplen Mechanismus: Nachdem die Angestellten das Gewünschte erledigt hatten, sollten sie sich fragen: Könnte ich noch etwas tun, um diese Leute glücklich zu machen? In einem Fall wies man Wanderern, die sich verlaufen hatten, den richtigen Weg – und versorgte sie obendrein mit einem Happen zu essen und mit Wasser, damit sie durchhielten. Ein andermal erstellte eine Telefonistin eine Liste mit einfachen Notlösungen für immer wieder auftretende Probleme. Stets fand jeder Angestellte noch eine Möglichkeit, wie er etwas zur Verbesserung beitragen konnte – und hatte viel Freude bei der Umsetzung, weil es seine Idee war.

Mein Zusatzgedanke ist die einfache Frage: Welche kleine Veränderung hat in Ihrer Arbeit, Ihrer Kultur Großes bewirkt? Denken Sie nach. Sie finden etwas. Dann sagen Sie es weiter.

Quellen und weiterführende Lektüre

1 Der kreative Konflikt

Scilla Elworthy schildert in ihrem Buch *Pioneering the Possible: Awakened Leadership for a World that Works* ihre Arbeit im Bereich der Konflikttransformation. Sie können ihren Vortrag bei *TED*xExeter auch hier sehen: http://www.ted.com/talks/scilla_elworthy_fighting_with_non_violence?language=en

Dass die meisten Leute ihre Fehler lieber verschweigen, wurde von Professor Jan Hagen an der European School of Management and Technology in Berlin untersucht: http://reputabilityblog.blogspot.co.uk/2014/11/error-management-lessons-from-aviations.html

Ed Catmulls Buch *Creativity Inc.* enthält viele interessante Einblicke.

2 Soziales Kapital

Thomas Malone leitet das Center for Collective Intelligence am Massachusetts Institute of Technology. Mehr über diese Arbeit lesen Sie hier: http://cci.mit.edu. Das beschriebene Experiment ist hier zu finden: http://www.sciencemag.org/content/330/6004/686.abstract

Alex Pentlands Arbeit ist einprägsam beschrieben in seinem Buch *Social Physics: How Social Networks Can Make Us Smarter.* Er hat auch einen Vortrag bei *TED*xBeaconStreet gehalten: https://www.youtube.com/watch?v=XAGBBt9RNbc und einen guten Aufsatz verfasst: https://hbr.org/2012/04/the-new-science-of-building-great-teams

Richard Hackman hat sein Leben lang Teams erforscht. Eine Zusam-

menfassung seiner Veröffentlichungen findet sich hier: http://scholar.
harvard.edu/rhackman/publications. Seine Arbeit mit Geheimdienst-
Teams der *CIA* sollte zur Basislektüre gehören: https://fas.org/irp/dni/isb/
analytic.pdf

Eine aufschlussreiche Antwort auf die Frage, warum Teams zuweilen
nicht funktionieren, gibt Diana Coutu in folgendem Aufsatz:
https://hbr.org/2009/05/why-teams-dont-work/ar/1

Das Thema Hilfsbereitschaft ist ein sehr umfangreiches Studiengebiet.
Wer sich dafür interessiert, findet Informationen auf folgenden Webseiten:

Zum Thema des staatsbürgerschaftlichen Verhaltens von Unternehmen
und der Quantität und Qualität der Leistung von Arbeitsgruppen, erforscht von Philip M. Podsakoff und anderen:

http://www.ncbi.nlm.nih.gov/pubmed/9109284

IDEO und die Kultur des Helfens, erforscht von Teresa Amabile und
anderen:

https://hbr.org/2014/01/ideos-culture-of-helping/ar/1

Zusätzlich bietet Adam Grants Werk *Give and Take* ein inspirierendes
Gegengift zur traditionellen Ellbogen-Mentalität von Wirtschaftsbüchern.

Was den Aufbau von sozialem Kapital anbelangt, ist Uri Alons Abhandlung »How to Build a Motivated Research Group« unbedingt empfeh-
lenswert. Sie richtet sich zwar an Wissenschaftler – doch da diese sich
profilieren, indem sie schwierige Probleme unter beachtlichem Zeitdruck
lösen, ist es für jeden gültig: http://www.cell.com/molecular-cell/abstract/
S1097–2765(10)00040–7. Sein Vortrag bei *TED* beschreibt auch sehr klug
den Zusammenhang zwischen Angst, Risiko und Innovation:

https://www.ted.com/talks/uri_alon_why_truly_innovative_science_
demands_a_leap_into_the_unknown

3 Denken ist körperlich

Es gibt mittlerweile eine Menge Fachliteratur zu den Gefahren von Multitasking. Viel davon habe ich im vierten Kapitel meines Buches *Willful
Blindness* zusammengefasst. Interessant in diesem Zusammenhang ist
auch die bahnbrechende Arbeit zum Thema selektive Aufmerksamkeit
und kognitive Grenzen von Chris Chabris und Daniel Simons. An-
schaulich dargelegt wird sie in ihrem Buch *The Invisible Gorilla*. Neuere

Forschungsergebnisse finden sich in dem Aufsatz »Cognitive control in media multitaskers« von Eyal Ophir und anderen: http://www.pnas.org/content/106/37/15583. Vgl. hierzu auch: »A Comparison of the Cell Phone Driver and the Drunk Driver«:

http://www.distraction.gov/download/research-pdf/Comparison-of-CellPhone-Driver-Drunk-Driver.pdf

Zudem hat Russell A. Poldrack viele ausgezeichnete Studien über die konkurrierenden Gedächtnissysteme im Gehirn verfasst.

Es gibt auch umfangreiche Fachliteratur zum Thema des chronischen Erschöpfungssyndroms. Beide Themen sind gründlich untersucht in dem Werk des Arztes David Posen mit dem Titel *Is Work Killing You: A Doctor's Prescription for Treating Workplace Stress* und in Kapitel 4 meines Buches *Willful Blindness*. Ein bedeutendes frühes Werk zum Thema ist »Sleep loss and Divergent Thinking Ability« von J. A. Horne: http://www.journalsleep.org/articles/110604.pdf

Marianna Virtanens Fortsetzung der Arbeit, die mit Michael Marmots Studie über Beamte in Whitehall begann, findet sich in »Long Working Hours and Cognitive Function«: http://aje.oxfordjournals.org/content/169/5/596.full

Leslie Perlows Zeitstudie findet sich hier:

http://faculty.washington.edu/ajko/teaching/insc541/reading/Perlow 1999.pdf

Unsere Abneigung gegen das Nachdenken und der kurze Zeitraum, den wir ihm zubilligen, ist messbar – http://www.bls.gov/tus/home.htm#data –, wird in dem folgenden wissenschaftlichen Aufsatz analysiert – http://www.sciencemag.org/content/345/6192/75 – und in folgendem Zeitungsartikel beschrieben: http://www.washingtonpost.com/news/to-your-health/wp/2014/07/03/most-men-would-rather-shock-themselves-than-be-alonewith-their-thoughts/

Das Spazierengehen als Denkanstoß ist umfassend erforscht. Es gibt einen guten *TED*-Vortrag von Nilofer Merchant über Besprechungen im Gehen: http://www.ted.com/talks/nilofer_merchant_got_a_meeting_take_a_walk?language=en. Mehr dazu finden Sie in Merily Oppezzos »Give Your Ideas Some Legs«: https://www.apa.org/pubs/journals/releases/xlm-a0036577.pdf. Auch in Arianna Huffingtons Buch *Thrive* wird das Thema gut erforscht.

Was wir gewinnen, wenn wir ein literarisches Werk lesen, wurde von David Comer Kidd und Emanuele Castano erforscht: http://www.sciencemag.org/content/342/6156/377.abstract

4 Schranken niederreißen

Die Argumente gegen Großraumbüros werden von Maria Konnikova in »The Open Office Trap« sehr geistreich dargelegt: http://www.newyorker.com/business/currency/the-open-office-trap

Die Konferenz, bei der ich die Leute bedient und Gemüse geschnitten habe, wurde von Initiatives of Change in Caux organisiert. www.iofc.org

5 Anführer überall

Der Pygmalion-Effekt im Klassenzimmer wurde zum ersten Mal hier beschrieben:

https://www.uni-muenster.de/imperia/md/content/psyifp/aeechterhoff/sommersemester2012/schluesselstudiendersozialpsychologiea/rosenthal_jacobson_pygmalionclassroom_urbrev1968.pdf, ist aber auch in einem Buch von Robert Rosenthal und Lenore Jacobson nachzulesen, *Pygmalion in the Classroom*. Die Studie zu israelischen Heereszügen findet sich hier: http://psycnet.apa.org/?&fa=main.doi Landing&doi=10.1037/0021–9010.75.4.394

Teresa Amabile hat sich ein Leben lang mit dem Thema Kreativität befasst, bei Kindern, in der Erziehung und in Unternehmen. Ihre Bücher sind allesamt sehr lesenswert, außerdem hat sie einen Vortrag bei *TED*xAtlanta zum Thema gehalten: https://www.youtube.com/watch?v=*XD*6N8bsj*OEE*

Die Auswirkungen der Macht sind in *Willful Blindness* gründlich erfasst, doch ihr Einfluss auf die Empathie ist hier dokumentiert: http://www.michaelinzlicht.com/wp/wp-content/uploads/downloads/2013/06/Hogeveen-Inzlicht-Obhi-in-press.pdf

Zum Design-Ethos bei Apple siehe: »4 Myths about Apple Design From an Ex-Apple Designer«: http://www.fastcodesign.com/3030923/4-myths-about-apple-design-from-an-ex-apple-designer

Dank

Dieses Buch entspringt so vielen Beziehungen, Fehlern, Überlegungen und Forschungen aus so vielen Jahren, dass die Liste, wenn ich sie alle aufzählen müsste, länger würde als das Buch selbst. Also beschränke ich mich darauf, all jenen zu danken, die mir erst vor kurzem Denkanstöße gegeben haben. In erster Linie gilt dies wohl für die Führungskräfte, mit denen ich in aller Welt zu tun habe. Angesichts der Probleme, mit denen sie konfrontiert sind, empfinde ich es als unentwegtes Privileg, die Mehrdeutigkeit, Komplexität, die Enttäuschungen und Freuden ihrer Arbeit mit ihnen teilen zu dürfen, und bin sehr dankbar für die Ehrlichkeit und Großzügigkeit, die unser gemeinsames Arbeiten kennzeichnet. Ich fühle mich in meiner Überzeugung bestätigt, dass Menschen mit dem Wunsch zur Arbeit gehen, sie zu verbessern.

Ich danke auch den Mentoren von Merryck & Co., die meine Arbeit so kräftig unterstützt und meine oftmals frustrierenden Terminpläne toleriert haben. Ihr Wissen, ihre Erfahrung und Offenheit inspirieren mich immer wieder, und ich schätze mich glücklich, ein so breites Spektrum an warmherzigen und herausragenden Kollegen zu haben.

Viele der Organisationen, mit denen ich arbeite, zeigen sich mir gegenüber außergewöhnlich offen, und dafür bin ich ihnen sehr dankbar. Besonderen Dank schulde ich Severin Schwan, Sylvia Ayyoub, Margaret Greenleaf und Dina Sabry Fivaz; jedes unserer Gespräche hat mich zum Nachdenken inspiriert. In der Universität Bath haben sich Veronica Hope-Hailey und Christos Pitellis als außerordentlich inspirierend und kollegial erwiesen. Die Unternehmensberater von Footdown, die Academy of Chief Executives, das Ingenieurbüro Arup und der King's Fund haben ebenfalls ein offenes und ehrliches Forum geboten, in dem wir Ideen ausgelotet haben, vor allem die Wichtigkeit und Macht des sozialen Kapitals. Mein Dank geht außerdem an Hugh Levinson, Gemma Newby und Helena Morrison von der BBC, die mir halfen, das Konzept gerechter Kulturen zu ergründen. Scilla Elworthy, Adam Grant, Verne Harnish, Peter Hawkins und Maria Lepore sind mir großartige und großzügige Denkpartner gewesen. Was die letzte Idee in diesem Buch anbelangt, so verdanke ich sie Cindy Solomon, deren unverstellte Einblicke in die Welt der Unternehmen stets originell und erfrischend waren. Jenni Waugh zeigte große Geduld mit Menschen und Ideen, von denen ich hoffte, sie würden sich als fruchtbar erweisen, während Stephanie Cooper-Lande es irgendwie schaffte, mir die Zeit freizuschaufeln, die ich brauchte, um schreiben zu können. Und wie immer bin ich meiner Agentin Natasha Fairweather zu großem Dank verpflichtet, weil sie dafür sorgte, dass die einsame Arbeit einer Schriftstellerin ganz und gar nicht einsam wurde.

Dieses Buch wäre nie entstanden, hätte mich das eindrucksvolle Team bei TED nicht so enthusiastisch unterstützt und ermutigt. Besonders danken möchte ich auch Juliet Blake und

June Cohen, deren Fürsprache mir mehr bedeutet, als ich jemals zurückzahlen kann. Und in einer Zeit, die oftmals Effizienz zelebriert, allerdings auf Kosten des Dialogs, möchte ich Michelle Quint danken, die einmal mehr ihren scharfen verlegerischen Instinkt bewiesen hat.

Jedes Buch entsteht auf dem Rücken der Familie seines Autors – und dieses besonders. Warum Lindsay, Felix und Leonora die Vernichtung ihres Sommers hinnahmen, werde ich wohl nie erfahren, aber ich hoffe, sie haben das Gefühl, dass das Resultat ihr Opfer wert ist. Sie wissen, dass ich in ihrer Schuld stehe: ihrer Geduld wegen und weil sie mir bereitwillig zuhörten und sich mit mir auseinandersetzten.

Dieses Buch ist Pamela Merriam Esty gewidmet, einer außergewöhnlichen Mitarbeiterin mit dem feinsten Sinn für Zeitgeist, dem ich je begegnet bin. Alles, was ich über Kreativität weiß oder denke, bemisst sich nach ihrem goldenen Standard, und mit ihr arbeiten zu dürfen war eine der größten Freuden meines Arbeitslebens.

Der TED Talk von Margaret Heffernan bildet die Grundlage zu diesem Buch.

https://www.ted.com/talks/margaret_heffernan_dare_to_disagree

James Duncan Davidson/TED

Kleine Bücher – große Ideen!

Im Fischer Taschenbuch Verlag erscheinen ausgewählte und erweiterte TED-Beiträge:

- Eine Vielfalt an aktuellen Themen und spannenden Thesen
- Kurze Lektüre mit langer Wirkung
- Ideen für Enthusiasten

Jedes Buch basiert auf einem TED Talk, der unter ted.com zugänglich ist. Die Bücher knüpfen da an, wo der TED Talk endet. Sie geben Antworten auf die Fragen, die beim TED Talk entstehen.

TED steht für Technology, Entertainment, Design – was mit einer Konferenz in Kalifornien begann, hat sich längst als globale Ideenfabrik etabliert.

TED gibt hochkarätigen Rednern aus der ganzen Welt die Chance, ihre Ideen in 18 Minuten weltweit vorzustellen.

TED organisiert über 400 Veranstaltungen in über 160 Ländern und stellt die besten Beiträge seiner Redner ins Netz, wo sie jährlich mehr als eine Milliarde Mal abgerufen werden.

Weitere Informationen finden Sie auf www.fischerverlage.de/tedbooks